KB263454

한국 근대의 세계사적 이해

역사 교육의 쇄국화를 막기 위하여

한국 근대의 세계사적 이해
역사 교육의 쇄국화를 막기 위하여

초판 1쇄 인쇄 2010. 7. 15
초판 1쇄 발행 2010. 7. 20

지은이　　최문형
펴낸이　　김경희
펴낸곳　　㈜지식산업사
주　소　　본사 : 경기도 파주시 교하읍 문발리 520-12
　　　　　　서울사무소 : 서울시 종로구 통의동 35-18
전　화　　본사 : (031)955-4226~7 / 서울사무소 : (02)734-1978
팩　스　　본사 : (031)955-4228 / 서울사무소 : (02)720-7900
　　　　　　한글문패　　지식산업사
　　　　　　영문문패　　www.jisik.co.kr
　　　　　　전자우편　　jsp@jisik.co.kr
　　　　　　등록번호　　1-363
　　　　　　등록날짜　　1969. 5. 8

ISBN 978-89-423-2077-6 93910

책값은 뒤표지에 있습니다

ⓒ 최문형, 2010
이 책을 읽고 지은이에게 문의하고자 하는 이는
지식산업사 전자우편으로 연락 바랍니다.

한국 근대의 세계사적 이해

세계사적 이해

역사 교육의 쇄국화를 막기 위하여

최 문 형

지식산업사

[일러두기]

1. 본문에서 우리나라를 일컬어 '한국'과 '조선'이라는 명칭을 혼용하였다. 이는 예를 들어 '대조선 정책'보다는 '대한 정책'이라고 하는 것이 간편하다는 점도 고려한 것이다.
2. 본문에서 일본의 지명과 인명은 외래어 표기법 지침에 의거하여 현지음을 따르는 것을 원칙으로 하였다. 중국의 지명과 인명은 관용적으로 쓰이는 것이 많아 혼선을 피하기 위하여 교과서에 표기된 것 이외에는 기왕의 우리식 한자음을 따랐다.
3. 본문에서 나라 이름의 줄인 표시는 한자 음가를 따라 독(獨, 독일), 불(佛, 프랑스), 영(英, 영국), 미(美, 미국) 등으로 표기하였다. 단, 러시아만은 '러'로 표기하였다.
4. 본문에 나오는 문헌 가운데 책으로 편찬되거나 간행된 것 그리고 정기 간행물 등은 《 》 표시로 나타냈으며, 그 밖에 일반적인 글의 제목은 〈 〉 표시로 나타내었다.
5. '명성황후'로 추서된 것은 1897년이기 때문에 본문에서는 당시 상황의 현재성을 살리기 위해 따옴표를 붙여 '민비' 또는 '민왕후'라고 표기하였다. 고종에 대한 칭호도 1897년 이후에는 '황제'라고 하는 것이 원칙이지만, '왕'과 혼용하기도 하였다.
6. 교과서를 쓴 사람은 '필자'로, 이 책을 집필한 사람은 '저자'로 표기하였다.

(1)　이번 교육과학기술부의 2009년도 새 교과과정은 역사과목
(한국사 및 동·서양사)을 일괄하여 선택과목으로 정한 것이 특징이
다. 이는 오랜 논란을 거듭해온 역사 인식의 '편향성' 문제를 극복
하고, 우리 한국사를 "세계사적 관점에서 객관적으로 이해하기 위
해서"라고 했다.

그러나 이번에도 또 다른 논란이 이어졌다. 교육과학기술부가
2007년에 제정한 '개정교육과정'을 한 번도 적용해보지 않은 채,
어떻게 다시 '2009년 새 교육과정'을 내놓을 수 있느냐는 항변이
그 하나이고, 어떻게 제 나라 역사까지 선택과목으로 만들 수 있
느냐는 것이 한국사 전공자들의 또 다른 불만이다.

(2)　근래에 드러난 한국사 교과서의 문제점은 거의가 '근·현대'
(1850·1860년대~현재)에 집중되어 있다고 해도 지나친 말이 아니다.
이 시기는 제국주의시대로, 한국사라고 하더라도 세계사적 시야
에서의 이해가 반드시 필요한 부분이다. 이 가운데서도 특히 '근

대'(1850·1860년 전후부터 1945년까지)의 경우는 더욱 그러하다.

그럼에도 이 분야 전공자 상당수가 이 사실을 간과한 채 '이념'에 집착해온 것 또한 부정할 수 없는 일이다. 근·현대사가 오늘날 우리나라 역사 교육의 가장 중요한 현안 문제로 논란이 되고 있는 원인도 바로 여기에 있다. 특히 현대사(대한민국사)를 둘러싼 이념 논쟁은 아직도 진행 중에 있다.

현행 교과서 가운데서도 금성출판사의 《고등학교 한국 근·현대사》와 이를 비판한 교과서포럼의 《대안 교과서 한국 근·현대사》가 바로 그 중심에 있다. 《역사비평》 2008년 여름호가 금성출판사 측의 정당성을 주장하고 있다면,[1] 《시대정신》 2008년 가을호는 대안 교과서 측을 대변하고 있다.[2] 그러나 말이 좋아 비판이고 대변이지, 이들은 서로 상대에 대한 비난과 폄하를 서슴지 않고 있다.[3]

---

1) 주진오, 〈뉴라이트의 식민사관 부활 프로젝트〉, 《역사비평》(역사비평사, 2008년 여름호), 297~298쪽.
2) 안병직, 〈한국근현대사의 체계와 방법〉, 《시대정신》(사단법인 시대정신, 2008년 가을호), 250쪽.

(3) 한국 근·현대사가 이 지경이 된 원인은 지난 여러 정권 아래에서 "정치가 역사를 지배했기 때문이기도" 하지만, 한국사학계도 그 책임에서 결코 자유로울 수 없다는 것이 저자의 생각이다.[4] 한국사의 위상을 높이기 위해 대학의 사학과를 한국사학과·동양사학과·서양사학과로 분과한 것부터가 오늘의 현실에 비추어 시대착오가 아닐 수 없다.

물론 '근·현대사 교과서'를 '한국사 교과서'와 별도의 교재로 만든 것이 오늘의 현실에 비추어 타당하다고 생각할 수도 있다. 그러나 이로 말미암아 아직 검증도 채 되지 않은 사실을 그나마도 각기 다른 시각으로 보게 됨으로써 역사 기술의 혼란을 빚게 된

---

3) 현행 교과서 측이 대안 교과서 측을 '식민지 근대화론'이라고 비방하며 "경제사 전공자인 탓에 정치사나 문화사에 대한 이해가 부족하여 충분한 역사 서술 능력이 없다"고 비방한 것과 달리, 대안 측은 "한국사학계는 근대 과학의 이론을 갖추고 있지 못해 한국 근현대사를 서술할 능력이 없다"고 폄하하고 있다.

4) 박찬승, 〈분단시대 남한의 한국사학〉, 조동걸·한영우·박찬승 공저, 《한국의 역사가와 역사학》, 하(창작과 비평사, 1994), 340쪽. "한국사학계는 정권 측에 이용당하기도 했지만, 그 정책을 자기들의 영향력 증대에 역이용하기도 했다."

점 또한 부정하기 어렵다.

그러므로 2009년의 교과과정은 이에 대한 당연한 대응이라는 느낌도 든다. 그렇다고 해서 그 제정의 절차가 옳았다는 이야기는 아니다. 문제의 본질부터 찾아서 고쳐야 한다는 것이 저자의 생각 이다.

(4) 제국주의시대에는 지구의 어느 나라를 막론하고 그 이전 시대처럼 외부 세계와 단절된 상태로는 존속이 허용되지 않았다. 한국에도 열강의 침투가 빠르게 진행되었고, 이에 대처할 능력이 없던 우리나라는 불과 몇 해 만에 거센 국제 분쟁의 소용돌이 속으로 휘말렸다.

열강은 한반도를 둘러싸고 치열한 이권 경쟁을 벌였고, 그 동향과 결과가 우리나라의 운명에 크게 영향을 미쳤다. 개항 후의 우리나라 역사는 유감스럽게도 우리의 뜻대로 이루어진 것이 거의 없었다고 해도 지나친 말이 아니다. 한반도는 우리가 의식하지도 못하는 사이에 유럽 열강이 주도하는 세계 질서 속에 이미 깊숙이 편입되었던 것이다.

따라서 이 시기의 우리 역사는, 외세에 좌우되다시피 한 그 특성상 한국에 국한된 폐쇄적 시각만으로는 이미 정확한 이해가 불가능하게 되어 있다. '근대'에 관한 한 우리 역사도 한국사에 한정된 관점을 뛰어넘어 세계사의 넓은 지평에서 평가할 수밖에 없게 된 것이다.

따라서 "세계사의 흐름 속에서 우리 역사의 위치를 객관적으로 파악할 수 있도록 하라"는 교육과학기술부의 지침은 오늘의 현실에 비추어 너무나도 당연한 주문이다. 우리 역사라고 해서 우리 자료에만 의존하거나 우리 땅에서 전개된 상황만을 근거로 평가해서는 결코 올바른 이해에 도달할 수 없기 때문이다.

(5) 그러나 문제는, 이 목적을 수행하기 위해 이 시기의 역사적 사실을 어떻게 기술해야 하는가와 관련해서는 구체적인 사례를 통해 그 어느 한 가지도 명확하게 제시하지 않고 있다는 데 있다. 교육과학기술부도 "우리 역사의 객관적 위치를 밝히라"고만 했을 뿐, 이 시기의 모든 사실(史實)에 대한 세계사적 관점의 해석을 주문하지도 않았다.

이처럼 우리는 아직도 연구의 '쇄국화(鎖國化)'를 극복해야 한다고 말로만 그 필요성을 강조하고 있을 뿐이다. 그러나 제국주의시대에 해당되는 우리의 근대사는 역사상의 모든 사건을 세계사와 연계시켜 해석하지 않고서는 그 실체에 대한 객관적이고도 구체적인 이해가 불가능하게 되어 있다.

(6) 이런 와중에 일본의 '새 역사교과서를 만드는 모임'은 최근에 이르러 더욱 심상치 않은 동향을 보이고 있다. 즉, 우리나라 역사학자들이 '내재적(內在的) 발전론'에 치중하고 있는 사이에 일본의 극우 역사가들은 자기들의 한국 침략을 '자존자위(自存自衛)'를 위한 몸부림이었다고 강변해왔다.

더욱이 문제는 이들이 2009년 5월 30일부로, 후소샤의 2006년도판 교재와는 별도로, 지유샤(自由社)를 통해 다시 《일본인의 역사교과서》라는 새 교재를 만들어 검인정을 받은 사실이다. 그들의 목적이 2세들에게 메이지시대의 침략주의를 이상화하도록 교육하려는 것이기 때문이다.

그들의 교재를 출간해준 후소샤까지도 "이 책이 지나치게 우경

화되었다"며 절연(絶緣)을 통고한 것이 그 계기였다.[5] 지유샤의 교과서는 이 통고에 대처하기 위한 '새 역사교과서를 만드는 모임' 측의 또 다른 강경 대응이었다.

그들은 "장차 일본이 살아나갈 길을 메이지 지도자들에서 찾을 수 있도록 일본 근·현대사 교과서를 재편집해야 한다"고 주장하고 있다.[6] 침략을 자행한 선대들을 배워야만 살길이 열린다는 논리다. 탈아론(脫亞論)에 뿌리를 두고 있는 이들의 독존의식은 매우 전통 깊은 것으로서, 쉽게 바뀌기가 어렵게 되어 있다. 전후 최초로 정권 교체에 성공한 민주당 정부도 이 범주에서 크게 달라진 것이 없다.

---

5) 후소샤는 이쿠호우샤(育鵬社)라는 자(子)회사를 따로 설립하여 새로 집필자를 선정하고 교과서 이름도 바꾸어 별도의 책을 만들겠다고 나섰다. 그러자 당황한 '새 역사교과서를 만드는 모임'은 자기들의 명칭을 '日本人の歷史敎科書編輯委員會'라고 바꾸어 지유샤(自由社)라는 출판사를 통해 북한이 로켓을 발사한(2009년 4월 5일) 직후인 4월 9일 문부과학성의 검인정 합격을 받았다('新しい歷史敎科書を作る會' 홈페이지 참조).

6) 渡邊利夫, 《新脫亞論－東アジア危機の日に備え, 日本の近現代史を'再編輯'する》(東京 : 文藝春秋, 2008), 23쪽.

(7)　이 책은 사실 관계를 분명히 하는 데 목적이 있다. 그리고 저자가 이 책의 고찰 범위를 '근대'로 한정한 연유는 따로 있다. 학계와 언론계가 마찬가지로 '근·현대사'를 논하면서도 '근대사' 문제는 한 번도 제대로 다루어본 사실이 없기 때문이다. 지금까지의 논의는 역사 인식의 편향성 문제를 둘러싼 '현대사'(대한민국사)에 대한 것이 전부였다.

　관심은 오로지 현대, 그 가운데서도 특히 이념 문제로 한정되어 있었다.[7] 2009년 8월 20일에 서울대학교에서 열렸던 역사학회 하계 심포지움(역사학회·국사편찬위원회 공동 주최)만 하더라도 '근대사'와 관련된 발표는 하나도 없었다. '당대사(當代史) 서술의 쟁점과 과제－개설서와 교과서를 중심으로'라는 심포지움의 주제가 시사하듯이, 이로 말미암은 주최 측의 고심의 흔적을 읽을 수 있다.

(8)　다시 말하지만, 지금까지 '근대'에 대한 학계의 본격적인 논

---

7) 현대사의 문제점은 2008년 9월에서 12월까지《조선일보》가 무려 5회에 걸쳐 크게 다룬 바 있다. 그러나 '근대사'에 관한 논의는 단 한 차례도 취급한 사실이 없다.

의가 없었다는 사실, 그리고 교육과학기술부가 "세계사의 흐름 속에서 우리 역사의 객관적 위치를 파악하라"고만 했을 뿐 이를 위한 구체적인 사례 한 가지도 제시하지 않고 있다는 점 등이 저자로 하여금 이 책의 집필을 결심케 했다고 할 수 있다.

물론 저자도 이 작업이 결코 쉬운 일이 아니라는 사실을 잘 알고 있다. 따라서 누군가 젊은 학자가 나와서 이 작업을 맡아 해주기를 기대했다. 반백 년 이상 역사 공부를 해온 학구로서 참으로 부끄러운 일이지만, 솔직히 자신이 없었기 때문이다.

그러나 70대 중반의 나이를 넘기며 돌연 더 이상은 미룰 수 없다고 생각이 바뀌었다. 그래서 먼저 건전한 상호 비판을 통해 사실을 바로잡자고 제안하기로 했다. 사실의 오류를 찾아 상호 비판함으로써 우리 2세들에게 올바른 역사 교육을 하자는 것이다. '비판'은 '비난'과 다르기 때문이다.

그렇지만 출간을 위한 모든 준비를 끝낸 이 순간에도 저자의 마음은 조금도 가볍지 않다. 독자들이 이 책을 '강자 중심의 역사 인식', '약육강식의 역사'로만 읽게 되지 않을까 걱정되기 때문이다.

저자의 진의는 우리의 '근대'가 제국주의시대였음에 비추어 역사 연구의 '쇄국화'를 극복해야 한다는 데 있다. 이것이 "세계사의 흐름 속에서 우리 역사를 객관적으로 파악하는 길"이라고 확신하기 때문이다.

만약 이 책이 '비난'으로 읽혀진다면 이는 오로지 저자의 표현 부족의 소치일 뿐이다. 김영한 교수를 비롯한 여러 후배 교수들의 정성어린 충고를 받아들여 이 점에는 특히 유의했다. 이석규 교수와 최정수 박사 등 한국사 및 서양사 전공 제자들과도 기탄없이 의견을 나누었다.

저자에게는 역사 기술의 오류를 바로잡아야겠다는 일념밖에 없다. 이 책은 한국 근대사 기술의 보완을 바라는 저자의 간절한 제언(提言)이다. 사실 관계를 바로잡는 작업이야 말로 역사학도의 가장 시급하고도 절실한 책무라고 생각한다. 선후배 제현과 독자 여러분의 기탄없는 비판과 질정을 바라마지 않는 소이도 바로 여기에 있다.

2010년 7월

최 문 형

책을 내면서 / 5

서론 : 문제의 소재 / 19

제1장 개항 : 일본 및 구미 열강과의 수교 / 25

제2장 열강 사이의 이권 경쟁과 한국의 정황 / 61

서론 : 문제의 소재

(1) 동아시아를 무대로 하는 영·러의 세계적 규모의 대결은 영국의 아편전쟁 도발을 계기로 시작되었다(1840년). 시베리아 개척을 끝낸 러시아가 남하의 향방을 동아시아로 전환하자 영국이 앞질러 러시아 견제에 나섰던 것이다.

한국도 청국 중심의 국제 질서 아래에서 1876년 일본에게 강화도수호조약을 강요당함으로써 문호를 개방했다. 이어 1882년에는 미·영·독 등과도 수호조약을 체결, 구미 열강의 한국 침투도 허용했다. 그러나 임오군란이 발발하자 영국은 그 혼란을 틈타서 조영수호조약의 인준을 거부하고, 관세율을 사실상 반감케 한 '조영신조약'의 체결을 새로이 강요했다(1883년 11월 26일).

그러자 한국은 이에 대한 반발로 영국의 적대 세력인 러시아를 끌어들였다. 이것이 '조러수호조약'이다(1884년 7월 7일). 이는 개항

초의 '조선책략(朝鮮策略)'적 외교 노선의 전면 청산을 의미하는 것이었다. 이는 한국의 외교 노선을 개항 초와는 정반대 방향으로 전환한 조치였다.

(2) 이 결과 한반도는 청·일의 경쟁적 침투 대상이던 상태에서 다시 설상가상으로 영·러의 세계적 규모의 대결 구도에 편입되고 말았다. 즉, 한반도를 둘러싼 청·일 사이의 아시아적 규모의 대결이 영·러 사이의 세계적 규모의 대결에 의해 제약받으며 한국에 압박을 가하는 형세로 변한 것이다.

요컨대, 우리나라의 '근대'는 세계 체제로 이미 깊숙이 편입된 상태였다. 우리는 이처럼 열강의 이권 추구를 위한 각축장이 되어 있었다. 이같이 2중의 대립 구도 아래 놓여 있었음에도 우리의 안계(眼界)는 전과 다름없이 계속 청국과 일본 이상으로는 미치지 못했다. 그리고 우리의 '근대사' 연구도 마찬가지로 이 한계를 뛰어넘지 못한 것이 사실이다.

(3) 제국주의시대에 해당되는 우리의 '근대'를 세계사와의 연계를 무시하거나 간과한 채 기술한 점이 바로 문제라는 이야기다. 다시 말해서, 올바른 역사 인식을 저해하는 요인은 역사 연구의 '쇄국화(鎖國化)'에 있다는 것이다. 침략자의 정책 내지 침략 준비부터 분명하게 구명하지 못하는 한, 우리는 역사를 우리 땅에서 드러난 결과만 가지고 논하게 될 수밖에 없기 때문이다.

원인과 결과를 따로 분리해서 역사를 기술하면 그 역사는 이미 가치를 잃게 된다. 즉, 인과관계(因果關係)에 따른 역사 기술이 반드시 전제되어야 한다는 이야기다. 역사에서 결과가 중요한 것이 사실이지만, 그렇다고 해서 원인을 분명하게 밝히지 못한다면 그 역사는 그야말로 근거가 불분명한 한낱 옛날이야기가 되고 만다. 역사는 암기 과목이 아니다.

(4) 따라서 이 책은 사건과 사건 상호간의 인과관계를 구명하는 데 초점을 맞추기로 했다. 이를테면, 한국과 열강의 수호조약 체결 배경, 그 체결 연도와 내용, '조러밀약'설과 천진조약·거문도 사건 등과의 상호 연관성, 거문도 사건과 시베리아철도 착공의 상호 관계, 청일전쟁·러일전쟁의 여파와 그것이 한국 정황에 미친 영향, 민왕후 시해와 아관파천의 상관관계, 러일전쟁에서 일본의 한국 병합에 이르는 과정 등이 그 대강이라 하겠다.

요컨대, 이 책은 침략자의 내면적 야욕(즉, 역사적 사건의 원인) 구명에 역점을 두고, 이를 결과(우리 땅에서 전개된 상황)와 연계시키는 데 초점을 맞추었다. 침략자는 만반의 준비를 갖추고 침략해 왔는데, 우리는 한가롭게 우리의 자발적 의지만을 강조하는 식의 역사 인식은 지양해야 하기 때문이다.

일본은 영국의 반러 정책에 편승하면서, 다른 한편으로는 영국의 적국인 러시아와도 별도의 이면거래(裏面去來)를 통해 한국 침략에 대한 양해를 받아놓았다. 운요호 사건은 이 외교 공작을 완

벽하게 성공시킨 뒤에 도발한 일본의 침략 행위였다. 즉, 그들은
침략에 앞서 열강 사이의 대립 관계를 교묘하게 이용했던 것이다.

민왕후 시해 사건을 낭인(浪人)들의 궁중 난입의 동태만을 근거
로 평가한 것도 마찬가지로 문제가 있다. 왕후 시해는 일본의 국
익이 걸린 사건으로서 그들 정부의 정책에 따른 폭거(暴擧)였다.[1]
민왕후 시해는 러시아의 위협으로부터 국익을 지켜내기 위한 일
본 정부의 정략이었고, '러·일 개전의 서곡(序曲)'이었다.[2]

(5) 요컨대, 이 책은 한때 우리 한국사학계를 풍미한 '내적발전론
(內的發展論)'과 그것의 한 지류로서 '자본주의 맹아론(萌芽論)'에 대
한 비판이라고도 할 수 있다. 이것이 바로 역사의 비교 연구를 저
해하는 부작용을 낳았고, 결국 '역사 연구의 쇄국화'라는 결과를
초래했다고 생각하기 때문이다. 그리고 이것이 오늘날의 '근·현
대사 교과서 문제'로 이어졌다고도 할 수 있기 때문이다.

물론 역사 연구의 '쇄국화'는 건국 이후 집권자들의 정권욕에서
비롯된 역사 교육의 자의적(恣意的) 이용에도 그 책임이 있다. 정
치가 역사 교육을 지배한 데서 비롯된 부작용이기도 했다.[3] '민족

---

1) 최문형, 《명성황후 시해의 진실을 밝힌다》(지식산업사, 2006).
2) 崔文衡, 《閔妃は誰に殺されたのか－見えざる日露戰爭の序曲》(東京 : 彩流
   社, 2004).
3) 박찬승, 〈분단시대 남한의 한국사학〉, 조동걸·한영우·박찬승 공저,《한국
   의 역사가와 역사학》, 하(창작과 비평사, 1994), 340쪽.

적 민주주의'와 '민족 주체'에 몰입된 풍토에서 학계의 모든 관심
이 국내로 집중될 수밖에 없었고, 이것이 한국 근대사의 세계사적
이해를 저해하게 되었던 것이다.

(6)　세계화를 부르짖는 오늘날에도 일부 근대사 연구자들은 여
전히 자국 중심의 성향을 버리지 못하고 있는 것이 사실이다. 사
실 관계를 올바로 밝히는 것만이 편향성 문제를 바로잡는 길이고
동시에 인과관계를 통해 역사를 바르게 기술하는 방법이다.

　이를 위해 저자는 논의의 중심이 되고 있는 교과서와 중요 개설
서의 사실 관계 및 기술상의 오류부터 찾아보기로 했다. 이 책은
우리 땅에서 일어난 사건에, 그 원인을 세계사의 흐름 속에서 찾
아 연결하는 작업이라고 요약할 수 있다.

제1장

개항 : 일본 및 구미 열강과의 수교

1. 개항을 둘러싼 문제점

(1) 한국사에서 '근대'의 기점을 1876년의 개항으로 잡는 것은 오늘날까지도 통설처럼 되어 있다. '현대'가 8·15 해방과 더불어 시작된다는 구분법도 마찬가지로 일반화되어 있다. 그러나 이미 알다시피 개항(강화도수호조약)은 일본이 한국을 침략한 시발점이자 대륙 침략의 출발점이었다. 일본의 이 분야 연구자들도 대부분 이 사실을 인정하고 있다.

일본인 자신들도 자기 나라 근대의 기점을 19세기 중엽의 개항에 두고 있다. 이처럼 개항을 근대의 시작으로 잡는 역사관은 근대 유럽의 가치를 중심에 두고 있다는 이야기가 된다. 우리도 이를 무비판적으로 받아들이고 있는 것 같다.

과문한 탓인지는 몰라도, 저자는 우리 한국사학계가 이에 대한 타당성을 본격적으로 검토한 사실이 있다는 이야기를 들어본 일이 없다. 그럼에도 현행 교과서는 물론 대안 교과서도 다 같이 이런 시대 구분법을 비판 없이 따르고 있다.

그렇다면 결과적으로 우리 스스로도 '식민지 근대화론'을 부정하지 않거나 못하고 있는 셈이 되고 만다. 바꾸어 말하면, 침략자의 영향을 받아 우리의 근대가 시작되었다는 논리와 다름없이 된다는 뜻이다. 1876년이 그 이전 시기와 이후를 구분하는 하나의 구획점이 될 수는 있겠지만, 이것이 근대의 기점이 될 수는 없다는 것이 저자의 생각이다.

(2) 식민지 근대화론을 사실상 인정하고 있는 대안 교과서 측은 논외로 치더라도, 이를 전면 부정하는 현행 교과서 측은 더욱 이치에 맞지 않아 보인다. 먼저 이에 대한 학계의 합리적이고도 전면적인 재고부터 있어야 할 것 같다.

물론 이것이 일본에 의한 강제 개항이었다고 해도, 그뒤 구미 열강과 수교를 통해 서구 문물을 수입하려 함으로써 중화적 세계관에서 벗어나려는 자극제가 되지 않았는가 하는 반론도 있을 수는 있다. 그러나 근대는 이 같은 '컬쳐럴 쇼크(cultural shock)'만으로 이루어지는 것은 아니다.

물론 시대 구분이란 사실(史實) 이해의 편의를 위해 역사학자들이 일정한 근거에 따라 설정한 기준에 지나지 않는다. 그리고 그 기준이라는 것이 모든 나라에 공통적으로 통용될 수 있는 것도 아니다.

저자는 근대사의 기점 문제를 둘러싸고 여러 번 관련 전공 학자들과 의견을 나눈 일이 있지만, 유감스럽게도 흔쾌히 납득할 수 있는 대답은 들어보지 못했다. 그러므로 현 시점에서는 학계의 결론이 내려질 때까지 부득불 시대 구분 문제를 잠정 유보할 수밖에 없다고 생각한다.

시대 구분 문제에 대한 본격적인 학계의 재고를 거듭 촉구하며, 물론 옳은 방법이라고 생각하지는 않지만, 이 책에서는 우선 현행 시대 구분을 따를 수밖에 없다는 점부터 양해를 구한다.

(3) 다만 현 시점에서 다소라도 참고가 되었으면 하는 생각에서, 조심스럽기는 하지만, 그리고 우리가 서양의 경우와는 다르겠지만, 먼저 다음과 같이 나름의 의견을 제기해본다.

우선 ‘근대’라는 말은 유럽에서 유래된 개념이다. 일본의 ‘근대’부터가 엄격한 의미에서 유럽의 근대와는 다르다. 일본의 근대는 유럽의 ‘절대주의시대’와 비슷한 것이라고 할 수밖에 없다. 즉, 왜곡된 근대라는 이야기다. ‘화혼양재(和魂洋才)’라는 일본판 중체서용(中體西用)과 같은 말을 사용한 사실로도 짐작할 수 있다.

그럼에도 그 왜곡된 근대 체제의 영향을 받게 된 시기(1876년)를 우리나라 근대의 시작이라고, 그리고 이후 그들의 통치 기간을 거쳐 1945년 광복까지의 역사를 ‘한국 근대’라고 할 수 있겠는가 하는 것이 저자의 의문이다. 식민 본국인 일본 자체가 왜곡된 근대 국가였다.

(4) 이렇게 본다면 ‘식민지 근대화론’은 물론 수긍할 수 없는 논리다. 신분제 사회의 청산과 농민 수탈 체제의 타파가 근대 사회의 성립 요건이라는 유럽식의 논리를 따른다면, 우리 역사에서 ‘근대’라는 시기는 사실상 없는 것이 된다. 19세기 말까지 우리 역사에서 사회 구조의 변화를 사실상 찾아볼 수가 없기 때문이다.

물론 농민 수탈 체제와 신분제 사회가 무너지고 산업화와 민주화가 이룩된 시기를 ‘근대’의 기점이라고 생각할 수는 있다. 이 논리를 따르는 것이 맞다면 4·19 혁명을 민주화의 기점으로, 박정희

시대를 산업화의 기점으로 상정할 수 있을지도 모른다. 그렇지만 유럽의 기준으로 볼 때 이것이 그 '기점'이라고 할 수 있을지는 몰라도 그 자체일 수는 없는 것이다.

그렇다면 근대와 현대를 구별할 수 없다는 문제가 다시 제기된다. '현대'는 우리가 사는 지금의 세상, 즉 구치(Gooch)가 말하는 '우리 시대의 역사(History of Our Time)' 정도의 개념으로 이해하면 어떨까? 그러나 이것은 어디까지나 유럽의 기준에 따른 저자의 상정(想定)일 뿐이다. 다 같이 고민하고 해결점을 찾아보자는 제언일 따름인 것이다.

2. 병인양요와 신미양요

(1) 1868년 메이지유신을 성공시킨 일본은 같은 해 12월, 에도(江戶)시기의 관례에 따라 조선에 왕정복고(王政復古)를 고지해 왔다. 대원군 집정기(1864~1873년)의 일이다. 바로 이 무렵에 강화도는 프랑스 함선 7척의 침입을 받았고(병인양요, 1866년 10월), 이어 미국 함대 5척의 침범을 당했다(신미양요, 1871년 5월).

이는 1866년 9월 대동강에서 소침(燒沈)당한 미국 상선 제너럴 셔먼호 사건을 구실로 한국의 개국을 목적한 무력 침범이었다. 그리고 이 무렵에 독일인 오페르트의 대원군 부친 남연군(南延君) 묘 도굴 사건도 있었다(1866년 3월 8일). 다 같이 1876년 개항 이전에 있었던 유럽 세력의 침범이었다.

이에 대해 현행 금성 교과서는 총설로서 다음과 같이 서술하고 있다. "1860년 베이징이 서양 군대에게 함락되었다는 소식이 들려왔다. 조선 사회에서는 서양 세력에 대한 경계심이 높아졌다. 또한, 천주교를 금지하고 양화(洋貨)가 들어오는 것을 막아야 한다는 여론이 강하게 일어났다.… 그러나 서양 열강은 조선 정부에 통상 수교를 집요하게 요구하였다"(금성, 46쪽).

이 글은 일견 문제될 것이 없는 것처럼 보인다. 그러나 이 짧은 글에서 '유럽'이라는 말 대신에 '서양 군대', '서양 세력', '서양 열강'이라는 말을 거듭 사용하고 있다. 교과서 필자들이 '서양'과 '유럽'이라는 말을 동의어로 혼동하고 있는 것이다. '서양'과 '유럽'은 같은 말이 아니다.

(2) 당시 아시아로 침략해 들어온 세력은 서양 세력이나 서양 열강이 아니라 유럽 세력, 즉 서구 세력이다. 더 분명하게 말하자면 '구미 열강'이다.

'서양'은 지리적 명칭일 뿐 '유럽'과 다르다. 사실 관계의 오류를 바로잡기에 앞서 명칭 문제부터 우선 분명히 해야 할 것 같다.[1]

더욱이 "이 가운데 미국이 가장 적극적이었다", "1868년에 미국은 다시 독일 상인 오페르트를 내세워 통상을 요구하였다", "이 사

---

1) 최문형, 《유럽이란 무엇인가》(지식산업사, 2009), 25쪽.

건으로 미국을 비롯한 서양 열강의 침략에 대한 경계심은 더욱 높아졌다"고 서술하고 있다(금성, 46~47쪽).

(3)　열강 가운데서도 미국의 침략성을 특히 드러내어 강조하고 있다. 그러나 이는 사실과 어긋난다. 우선 오페르트 사건을 미국이 주도했다는 기록은 어디에도 없다. 오페르트는 두 번(1866년 3월 31일과 8월 6일)에 걸친 조선 침투가 실패로 돌아간 2년 뒤인 1868년에 3차 침투를 계획했다. 이때 중국어에 능통한 젠킨스(F. B. Jenkins)라는 미국인이 보좌역으로 참가한 사실이 있을 뿐이다.[2] 이것이 사실의 전부다.

이 부분에 대해서는 대안 교과서 측도 마찬가지로 사실 관계에 오류를 보이고 있다. "… 1860년대까지 한반도에 대한 서양의 직접적인 충격은 없었다. 영국과 프랑스 등의 열강은 차, 비단, 도자기 등이 많이 생산되지 않는 한국에 그리 큰 관심을 두지 않았다"는 것이다(대안, 31쪽).

그러나 이들은 바로 다음 페이지에 병인양요와 신미양요의 내용을 설명함으로써 위 설명과의 모순을 스스로 드러내었다. 그들이 한국에 그리 큰 관심이 없었다면 1860년대의 오페르트 사건, 제너럴 셔먼호 사건, 병인양요, 그리고 1871년의 신미양요 등을 왜 도발했겠는가?

---

2)　李光麟, 《韓國史講座(近代篇)》(一潮閣, 1981), 41쪽.

이들 열강이 한국에 집요하게 통상을 요구한 것은 부인할 수 없는 엄연한 사실이다. 한마디로 말해서, 교과서 필자들이 19세기 후반이라는 제국주의시대를 16·17세기와 같은 개념으로 이해함으로써 비롯된 착각이라고 할 수밖에 없다.

(4) 18세기 산업혁명 이후 구미 열강의 관심은 도자기나 비단 따위에 있었던 것이 아니다. 산업혁명 이후 그들에게 필요했던 것은 상품 시장이었다. 그리하여 시장 개척을 위한 국가 사이의 경쟁이 치열해졌고, 여기에 정치·군사적 목적이 부수되었던 것이다. 도자기와 비단은 16·17세기의 이야기일 뿐, 19세기에는 이미 옛 이야기가 된 상태였다.

1860년대로 접어들며 열강의 한국에 대한 관심은 오히려 더 증폭되었다. 그런데 교과서에는 이런 설명이 없다. 그렇다면 그들의 관심이 이 시기에 특히 한반도로 집중된 까닭은 과연 어디에 있었을까?

(5) 위에서 말한 바와 같이 한반도는 청·일의 대립에 이어 영국과 러시아의 세계적 규모의 대립이 겹쳐 있어 이 밖에 다른 열강의 침투가 사실상 어렵게 되어 있었다. 그런데 1860년 무렵부터 1880년 무렵까지 영·러 양대국의 상호 견제에 따른 힘의 공백 상태가 드러남으로써 독·불·미 및 일본 등이 바로 이 기회를 이용했던 것이다.[3] 즉, 영·러 양대국의 한국에 대한 야욕 자제가 이들에

게 한국 침략 기회를 열어준 셈이었다.

당시는 러시아와 영국이 서로 상대방이 먼저 한국을 침략할까 두려워 충돌을 피하며 야욕을 자제하던 그런 시기였다. 러시아가 1861년 영·일의 견제를 받아 대마도 점령에 실패하자, 러시아의 다음 부동항 획득 대상지는 자연스럽게 한반도가 되었다. 그렇지만 그들은 이를 곧바로 실행에 옮길 수 없었다.

영국과 일본의 견제뿐만 아니라 청국까지 뒤따라 러시아 견제에 가담할 것이 분명했기 때문이다. 그리고 이런 불안감은 러시아에게만 있었던 것이 아니라 영국도 비슷하게 느끼고 있었다.

영국이 후일 한국의 문호를 개방하는 데 아시아 진출을 열망하던 미국을 앞세우고 자신들은 끝까지 그 뒤를 따랐던 사실이 이를 뒷침해준다. 미국이 아무런 연고도 없던 한국과 최초로 수교를 맺을 수 있었던 원인이 바로 여기에 있었다.

(6) 1860년에서 1880년에 이르는 약 20년 동안에도 영·러 양대국은 다 같이 한국을 탐냈던 것이 사실이다. 그렇지만 이들 양대국은, 위에서 말한 바 있거니와, 서로 상대를 자극하게 될까 두려워 야욕을 잠시 자제했을 뿐이다. 열강이 동아시아에서 식민지로 만들 만한 후보지가 만주와 한반도밖에 남지 않았기 때문이다.

다시 말하거니와, 독일·프랑스·미국 등이 오페르트 사건, 제너

---

3) 최문형, 《한국을 둘러싼 제국주의 열강의 각축》(지식산업사, 2001), 30~31쪽.

릴 셔먼호 사건, 병인양요·신미양요 등을 일으킨 것도 이 같은
영·러 양대국의 자제와 상호 견제 기간에 파생된 힘의 공백을 틈
탄 것이었다. 그러나 이들은 당시 그들 나름의 사정으로 국가적
규모의 지원을 받지는 못했다. 유일한 예외가 있었다면 바로 일본
의 경우였다.

일찍부터 일본은 영·러 양대국을 자기들의 한반도 침략을 저해
하는 최대의 장애 요인이라고 생각해왔다. 따라서 20년 동안의 이
힘의 공백기는 일본에게 그야말로 절호의 기회가 되었던 것이다.

3. 강화도 사건 도발을 위한 일본의 외교 공작

(1) 우리 한국사학계는 민씨 정부가 대원군 실각에 따라 쇄국 정
책을 버렸기 때문에 개항이 이루어졌다고 이해하는 경향이 있다.
금성 교과서 제2부 제1장(외세의 침략적 접근과 개항)의 총설은 그 일
례일 따름이다. 즉, "… 이런 차에 흥선 대원군 정권의 사회 개혁에
반발하였던 보수 양반들이 고종의 친정을 요구함으로써 흥선 대
원군은 권좌에서 물러났다." "이에 일본은 운요호 사건을 일으켜
조선에 통상 수교를 강력하게 요구하였다. 정부도 개항의 필요성
을 느끼고 있었기 때문에 여기에 응했다"는 것이다(금성, 38쪽).

일본이 운요호 사건을 도발한 원인이 바로 대원군 실각에 있었
고, 개항은 일본의 요구도 있었지만 우리의 필요에 따라 자발적으

로 결정되었다는 뉘앙스가 담긴 표현이다. 그러나 대원군의 실각이 그들의 침략의 원인일 수는 없다. 침략을 감행할 수 있는 계기였을 뿐이다. 개항이 우리의 의지에 따른 결정은 더더욱 아니었다. 일본의 강압에 따른 결과였다.

(2) 이 총설은 일본이 일찍부터 품어온 한국에 대한 침략 야욕이나 이를 위한 사전 외교 공작 내지 그 시대 배경에 대한 설명을 전면 간과하고 있다. 강화도 사건을 오로지 우리 땅에서 벌어진 상황만을 가지고 평가한 결과가 아닌가 생각된다.

아마도 일본의 침략을 위한 외교 공작이 우리 역사가 아니라 일본 역사라고 여겼기 때문일지도 모른다. 그러나 이 외면이 바로 사건에 대한 일면적 파악으로 그치게 만든 결정적 원인이다. 당시 우리는 국제 환경의 변화를 가늠조차 하지 못했던 것이 사실이다. 이런 상황에서 일본은 이미 영·러의 대립을 교묘하게 이용하기까지 했다.

(3) 일반적으로 역관 오경석이 우의정 박규수를 움직여 대외 정책 방침을 통상 수교로 결정케 했다고 알려져 있다. 물론 이들이 개국의 필요성을 정부 당국에 인식시키는 데까지는 기여했다고 할 수 있을 것이다. 그러나 이는 방침을 정하는 데 기여했다는 것일 뿐, 행동화했다는 이야기는 아니다. 당시의 분위기로 미루어 개항의 필요를 느꼈다고 해서 곧바로 이를 실천에 옮길 수 있는

상황이 아니었다.

　일본 군함의 위협 아래 놓인 우리의 처지에서 "정부도 개항의 필요성을 느끼고 있었기 때문에 여기에 응했다"는 기술은 우선 어순으로도 맞지 않는다. 개항은 일본의 무력 위협이 없었다면 어림도 없는 일이었다.

(4)　우리가 필요를 느꼈기 때문에 개항한 것이라면 어째서 사건 직후 우리에게 일방적으로 불리한 수호조약이 체결되어야 했을까? 널리 알려진 바와 같이, 1876년 2월 26일에 체결된 수호조규 12개조만 보더라도 이는 편무적 불평등조약임이 분명하다.

　먼저 그들은 "조선이 자주지방(自主之邦)"임을 강조함으로써 조선과 청국의 사대 관계 단절을 통해 자기들의 조선 침략을 용이케 했고(제1관), 부산항 외 2항(후에 인천과 원산)의 개항(제4·5관)과 아울러 치외 법권(제10관)을 강요했다. 그리고 같은 해 8월의 '수호조규 부록'과 '일본국 인민 무역규칙'을 통해서는 무관세(無關稅) 혜택과 개항지에서 일본 화폐의 사용까지 강제했다.

(5)　금성 측의 서술은 어휘도 어색하고 표현 또한 부정확한 면이 있다. 19세기 후반을 논하며 첫 행에서는 "자본주의 열강"이라고 해놓고, 마지막 행에서는 "제국주의 열강"이라고 말을 바꾼 점이 우선 그렇다(금성, 38쪽).

　대원군이 실각했다고 하면 간단했을 것을 "권좌에서 물러났다"

고 함으로써 그가 마치 스스로 물러난 것처럼 느낄 수 있게도 했다. "국제법과 국제 정세에 익숙하지 않던 조선 정부"라는 표현도 "이에 대한 이해가 부족했던 조선 정부"라고 했으면 좀더 간결하지 않았을까? '이런 차에'라는 말도 어색하다.

(6) 대안 측도 일본 정부의 침략 준비에 대한 언급이 없기는 마찬가지다. 운요호의 강화도 영종도 포격 사건만을 언급한 점이 바로 그것이다. 일본은 이미 이보다 훨씬 오래 전부터 침략 야욕을 가지고 준비해왔다.

이 역시 조선 정부가 강압에 못이겨 개방했다는 사실을 솔직하게 밝히지 못했다. 운요호라는 군함의 행태만을 가지고 일본의 침략성을 평가하는 것은 물 위에 뜬 빙산의 일각만을 가지고 빙산의 크기를 말하는 격이다. 운요호 사건은 어디까지나 일본이 한국 침략을 위해 만반의 준비를 갖춘 뒤에 단행한 군사 행동이었다.

4. 일본 '새 역사교과서를 만드는 모임'의 강화도 사건 기술 : 문제점

(1) "일본이 군함을 강화도 수역에 파견한 것이 조선의 발포(發砲)를 유도하여 군사 작전을 수행하고 또 이를 계기로 조선에 불평등조약 체결을 강압하려는 치밀한 계획이었다"는 것이 한국 측의 일본에 대한 수정 요구였다. 아울러 한국 측은 일본이 "사건을 도

발한 주체, 목적, 그리고 경위를 분명히 서술하지 않았다"고 통박
했다.[4]

그러자 그들은 "일본 군함이 시위 행동을 했기 때문에 조선 군
대와 교전한 사실은 이미 기술했다"[5]며 조선 측의 항의를 일단 일
부 인정하는 듯한 자세를 보였다. 그렇지만 그들은 "한국 측이 강
화도 사건의 목적 등에 관해서는 제도상 기술하라고 요구할 수 없
다"며 한국 측의 시정 요구를 거부했다.

이 같은 그들의 거부는 한국 땅에서 표면화된 상황만을 가지고
사건을 이야기하라는 뜻에 다름없다. 강화도 사건의 침략성을 호
도하기 위해 관심의 초점을 운요호 사건으로 고정시키려는 계략
이다. 이 사건은 오랫동안 준비해온 그들의 침략 계획을 숨기려는
의도를 드러낸 한 가지 사례에 지나지 않는다.

본질은 운요호 사건을 도발하기 위한 그들의 야욕과 치밀한 사
전 준비 작업에 있다. 수면 아래의 보이지 않는 거대한 빙산이 바
로 그 본질이라는 이야기다. 그럼에도 이것은 덮어두고 외부로 드
러난 현상만을 가지고 강화도 사건을 서술해야 한다는 뜻이다.

즉, 그들의 침략 야욕이나 내면적 준비 작업 등은 언급하지 말
라는 것이다. 그 정확한 사실 관계를 살펴보기로 한다.

---

4) 교육인적자원부 일본역사교과서왜곡대책반, 《일본 중학교 역사 교과서 한
   국 관련 내용 수정 요구 사항 및 일본 정부 답변 자료》(2001), 27쪽.
5) 역사비평사, 《문답으로 읽는 일본교과서 역사왜곡》(2006), 217쪽.

(2) 메이지유신 이후 일본에서는 일찍이 1873년부터 사이고 다카모리(西鄕隆盛) 등의 정한론(征韓論)이 대두되었다. 그러나 이것은 야마가타 아리토모(山縣有朋)의 "우리는 아직 조선과 전쟁에 돌입할 수 있을 만큼 준비가 되어 있지 않다"[6]는 주장에 밀렸다. 제대로 준비한 뒤에 침략해도 늦지 않다는 견해였다.

그리고 "일본 지도자들이 이 정책을 결정하는 데는 미국 남북전쟁 시의 장군 르 젠더(Charles Le Gendre)의 충고가 결정적 역할을 했다." "먼저 청국이 한국을 좌우하지 못하게 하라는 것이고, 이것이 아니면 한국을 그들 스스로가 지킬 수 있도록 강하게 만들라"는 것이 그 내용이었다.[7]

그들이 유신 이래의 침략 야욕을 2~3년 동안 보류한 원인이 바로 여기에 있었다. 일본의 한국 침략 야욕이 운요호 사건으로 비로소 생겨난 것이 아님은 이로써도 분명한 일이다. 그들의 한국 침략 계획은 일찍이 메이지유신 이후 상당한 세월을 두고 준비해 온 사안이었다.[8]

그런데 1860~1880년의 영·러 양대국의 자제 기간이 그들에게 이를 실천에 옮길 수 있는 기회를 제공한 것이다. 특히 1871년에 일어난 '이리분쟁(伊犁紛爭)'은 그 돌파구를 찾을 수 있는 결정적

---

6) Andrew C. Nahm, *Korea under Japanese Rule — Studies of Policy and Techniquues of Japnese Colonialism*(Western Michigan University, 1973), 19쪽.

7) 같은 책, 같은 곳.

8) 최문형, 《러시아의 남하와 일본의 한국 침략》(지식산업사, 2007), 137~143쪽.

계기였다.

문제는 청국령 투르키스탄(오늘의 신강성)에서 일어난 야쿠브 베그(Yakub Beg)의 회교 독립국이 영국의 군사 지원을 받아 러시아의 남하를 가로막는 장애물로 자리 잡은 데서 발단되었다. 이에 러시아는 먼저 이 지역의 전략 요충을 점령한 뒤 청국과 교섭을 벌여 사태가 수습되는 대로 여기서 철수하겠다고 약속했다.

그러나 야쿠브 베그가 실각한 뒤에도 러시아가 이 약속을 이행하지 않자 상황은 마침내 영·러 대결에서 청·러 대결로 바뀌었다. 이것이 이른바 '이리분쟁'이다. 이 분쟁은 청국에도 물론 충격이 컸지만 동아시아 정황을 바꾸어놓는 데 심대한 영향을 미쳤다.

일본은 침략의 시기를 선정하면서 제국주의 열강의 상투적 수법을 재빨리 본받았다. 청국이 이리분쟁에 말려들어 한국을 지켜줄 여력을 상실한 틈을 이용, 일본은 이 기회를 재빨리 이용한 것이다. 그들은 한국 침공에 앞서 그 기회를 먼저 대만 원정에도 이용했다(1874년).

(3)   그러자 이번에는 영국이 나서서 일본의 진출 방향을 북쪽으로 돌려놓았다. 일본을 러시아의 남하를 막는 데 이용하기 위해서였다. 주청 영국공사 웨이드(T. W. Wade)가 대만 원정의 뒷처리를 위해 북경을 방문한 일본 전권변리대신 오쿠보 도시미치(大久保利通)에게 한 다음과 같은 언급으로도 알 수 있다. "일본이 대만이 아니라 한국으로 진출한다면 열강의 지원을 받을 수 있을 것"이라는

권유가 바로 그것이었다.[9]

이런 상황에서 일본은 영국과 러시아를 각기 따로 상대하며 양
국의 대립 관계를 자기들의 침략에 알맞도록 거꾸로 이용했다. 러
시아의 남하를 저지하려는 영국의 동아시아 정책에 편승하면서,
다른 한편으로는 러시아와 비밀 거래를 서둘렀던 것이다. 자국의
한국 침공 때 러시아가 묵인한다는 묵약(黙約)을 받아내기 위해서
였다.

주러 일본공사 에노모토 다케아키(榎本武揚)와 러시아 외무성
아시아국장 스트레무코프(P. Stremoukhov)가 10개월에 걸친 오랜 타
협 끝에 1875년 5월 7일에 조인한 '사할린·쿠릴열도 교환조약'이
바로 그것이다.[10] 그 내용은 일본이 러시아로부터 북부 쿠릴열도
의 몇 개 섬을 얻는 대신, 일본이 러시아와 공유해온 사할린의 권
리를 러시아에게 넘겨준다는 내용이었다. 이것은 누가 보아도 일
본에게 일방적으로 불리한 조약으로 보였다.

일본이 러시아로부터 받게 될 중대한 별도의 대가 없이 이에 동
의할 까닭이 없었다.[11] 당시 대(對)한반도 정책은 일본의 최대 현

---

9) G. A. Lensen, *Balance of Intrigue — International Rivalries in Korea & Manchuria
1884~1899*, 2 vols(Florida State University Book, 1982), 17쪽 ; 최문형, 《한국
을 둘러싼 제국주의 열강의 각축》, 34쪽.
10) 최문형, 《러시아의 남하와 일본의 한국 침략》, 139~140쪽.
11) G. A. Lensen, 앞의 책, 13쪽 ; F. C. Jones, *Forein Diplomay in Korea, 1866~1894*
(Unpublished Ph.D. dissertation, University of Harvard, 1935), 107쪽. 일본주
재 영국공사 파크스는 에노모토가 러시아와 어떤 비밀 양해가 없는 한 쿠릴

안이었다. 일본 본토에 대한 안전 문제도 물론 있었지만, 일본이 한국을 침공할 경우 한국 문제에 대한 러시아의 중립 보장은 그들에게는 무엇보다도 절실한 사안이었다.

일본은 이를 위해 사할린의 전면 방기(放棄)를 무릅쓸 수밖에 없는 처지였다. 이는 운요호 사건을 도발하기 위한 일본의 불가피한 준비 작업인 동시에 안전 장치였다. 일본으로서는, 한반도 침공을 위해서는 먼저 북방의 안정이 필요했기 때문이다.[12]

(4) 실제로 일본은 1875년 9월 19일 사할린의 난게이(楠溪)에서 정식으로 사할린 양도식을 거행했다. 그리고 바로 이튿날(9월 20일) 운요호 사건을 도발했던 것이다. 사할린·쿠릴열도 교환조약[13]은 한국 침략을 위한 일본의 정지(整地) 작업임이 분명했다.

영국의 대러시아 견제 정책에 편승한 일본이 이 '교환조약'을 통해 자국의 한국 침략에 대한 러시아의 묵인을 다시 보장받았던 것이다. 따라서 일본의 한국 침략 야욕은 어떤 논리로도 부정할 수 없는 것이다. 이것이 운요호 사건만을 가지고 일본의 침략성을 운위해서는 안 되는 연유다.

열도 대신 사할린을 내어주는 따위의 자국에 일방적으로 불리한 조약에 동의할 까닭이 없다고 확신하고 있다.

12) 臼井隆一郎, 《榎本武揚から世界史が見える》(PHP硏究所, 2005), 145쪽.

13) 安岡昭南, 〈1880年代 朝鮮をめぐる日露關係〉, 日本國際政治學會 編, 《日露·日蘇關係の展開》(1965) ; 日本外務省, 《日本外交年表竝主要文書》, 上(1965), 79쪽.

일본이 침략의 기회를 포착하는 데는 영국이 일찍이 청국에서 써먹은 방식을 따랐다. 태평천국의 난을 틈탄 애로우호 사건 도발이 그것이다. 그리고 침략 방법은 미국의 페리 제독을 흉내 내어 이른바 '포함외교(砲艦外交)'를 구사했다. 강화도수호조약은 일본이 순발력 있는 '다변외교(多邊外交)'와 '포함외교'라는 외교력·군사력을 함께 구사하여 한국에 강압한 침략의 결과였다.

(5)　개항은 대원군 실각에 따라 민씨 중심의 한국 정부가 그 필요성을 느꼈기 때문에 단행한 것이 결코 아니다. 따라서 한국 정부의 자발적 의지에 따른 결정이었다고 할 수 없다. 세계 정세를 읽고 있던 일본의 오랜 침략 계획에 따른 결과였다. 일본이 러시아에게 사할린을 공식 양도한 바로 이튿날 운요호 사건을 도발한 사실로 미루어 일본의 계획적 침략 야욕은 부정할 수 없는 것이다.

5. 구미 열강과의 수교:사실 관계 (1)

(1)　금성 교과서는 "조·미 수호 통상 조약도 강화도 조약과 같이 불평등한 조약이었다. 영사 재판에 의한 치외 법권은 물론 최혜국 대우까지 규정되어 있어서, 미국은 장차 더 큰 이익을 챙길 수 있었다. 다만 강화도 조약과 달리 비율은 낮지만 관세 조항이 들어 있었다. 하지만 관세를 제대로 받을 수 없었다"고 조약 관련 내용

을 기술하고 있다(금성, 52쪽).

사실 관계의 오류 여부에 앞서 우선 문장부터가 어색하다. 논리에 맞으려면 '관세 조항이 들어 있었지만 그 비율이 낮았고, 그나마도 제대로 받을 수 없었다'고 기술해야 했다.

(2) 개항 이후 우리나라가 타국과 체결한 수호조약에는 예외 없이 치외 법권과 최혜국 대우 규정이 포함되었다. 특혜는 미국에만 인정했던 것이 아니다. 그나마 조미조약에는 강화도조약의 경우와는 달리 관세 조항이라도 들어 있었다.

금성 교과서도 조미조약에는 일본과 달리 관세 조항이 있었다고는 했다. 그러면서도 미국은 일본보다 "더 큰 이익을 챙길 수 있었다"는 점을 강조하고 있으며, 그 이유가 관세를 제대로 받을 수 없었기 때문이었다고 하고 있다(금성, 52쪽).

그러나 일본으로부터는 '제대로'가 아니라 아예 전혀 받을 수 없었다. 관세 규정 자체가 없었기 때문이다. 즉, 일본의 경우는 무관세 상태가 7년 동안이나 계속되었던 것이다.

당시 미국은 그들의 한국과 교역량으로도 알 수 있듯이, 수교 이후 2년도 지나기 전에 한국의 경제 상태에 크게 실망했다. 그리고 이것이 장차 개선될 전망도 없다고 판단하여 1884년 7월 7일을 기해 의회는 결국 〈외교 및 영사법(Diplomatic and Consular Act)〉이라는 것을 재결(裁決)했다. 상대국의 미국 상품 구매력의 다소에 따라 그 나라에 주재하는 자국 외교관의 지위를 결정하는 것이 이

법의 내용이다.[14]

따라서 그해 7월 14일부로 주한 공사의 지위가 '전권특명공사'에서 태국주재 공사와 대등한 총영사급의 '변리공사(Minister Resident and Consul General)'로 강등된 것이다.[15] "미국이 더 큰 이익을 챙길 수 있었다"는 기록은 어디에도 없다.

이 법의 제안자 하원의원 번즈(Burnes)는 그 입법 취지를 "상인들의 도매 물량에 따라 외교관의 위계(位階)가 결정되었다"고 설명하고 있다. 한국에 대한 미국의 최초 기대가 2년도 안 되어 실망으로 바뀐 원인을 설명해주고 있는 것이다.

(3) 한국을 철두철미 시장 가치에 따라 평가함으로써 미국은 이후 한국에 대한 관심을 크게 줄였다. 그리고 자신의 지위 강등에 불만을 품고 사임한 초대 공사 푸트(Foote)가 이한(離韓)한 뒤에도 무려 18개월 동안이나 국무성이 서울에 강등된 변리공사조차 보내지 않았다. 이 사실은 "미국이 더 큰 이익을 챙길 수 있었다"는 금성 교과서의 기술이 사실과 다름을 예증해주는 것이다.

그리고 그 이후에도 외교 경험이 전혀 없는 29세의 젊은 해군

---

14) Tyler Dennett, "Early American Policy in Korea", *Political science Quarterly*, Vol. 38(1923), 475쪽 ; Harold Noble, "The United States and Sino-Korean Relations", *The Pacific Historical Review*, Vol. 2, No. 3(Sept., 1933), 297쪽.

15) Lee Yur-bok, "American Policy toward Korea during the Sino-Japanese War 1894~1895", *Journal of Social Science and Humanities*, No. 43(June, 1976).

중위 포크(Foulk)를 주한 임시대리공사로 임명한 사실이 이를 재차 뒷받침해준다.[16] 미국이 큰 이득을 기대하고 한국과 수교를 맺은 것은 사실이지만, 결과는 기대와 너무나도 달랐던 것이다.

(4) 금성 교과서는 "조선 정부는 그뒤 잇달아 영국, 독일, 프랑스, 러시아 등과 차례로 조약을 체결하여 국제 사회의 일원으로 외교 무대에 등장하였다"고 기술하고 있다. 이어 도표를 통해 "조·미 통상 조약(1882), 조·영 통상 조약(1883), 조·독 통상 조약(1883), 조·이 통상 조약(1884), 조·러 통상 조약(1884)"이라고 그 체결 연대를 열거하고 있다(금성, 52쪽).

물론 열강 각국과 조약을 체결한 연도만 알려주는 것이 목적이라면 이처럼 도표로 표시해도 무방할 것이다. 그러나 성격이 각기 다른 각국과의 조약에 대한 설명을 우선해야 할 경우 이런 식의 도표로는 사실 전달이 될 수 없는 것이다. 더욱이 영국과 조약을 체결한 연대가 잘못 기재된 것은 심각한 문제가 아닐 수 없다. 이는 연대의 단순한 오기(誤記)로 끝나는 사소한 문제가 아니기 때문이다.

(5) 우리나라가 영국과 최초로 체결한 조약은 1882년 6월 6일의

16) 崔文衡, 〈韓美友誼의 變化〉, 《한미수교100년사》(국제역사회의 한국위원회, 1982), 89쪽.

'조영수호통상조약(Willes treaty)'이다. 이 조약은 1882년 5월 22일 조미조약을 체결한 직후에 조인된 것이다. 1883년에 한국이 영국과 체결한 조약은 조영조약이 아니라 '조영신조약(Parkes treaty)'이다. 이는 같은 해인 1883년 11월 26일자로 조인되었다.

금성 교과서는 한국과 영국 사이에 체결된 위의 두 조약을 동일한 것으로 혼동하고 있다. 같은 현행 교과서 가운데서도 유독 금성 교과서만이 조영조약의 체결 연대를 1883년이라고 잘못 도시하고 있다.[17]

우리 한국사학계에서는 우리나라가 유럽 열강과 맺은 수호조약이 모두 일률적으로 조미조약(1882년)의 규정을 모델로 따른 것이라고 알고들 있다. 그러나 1883년 이후에는 조미조약이 아니라 관세율이 거의 반감된 이 '신조약'의 규정을 따랐던 것이다.

그리고 '최혜국 조관'에 따라 이후에는 우리나라와 수교를 맺게 되는 모든 나라에게도 이 반감된 관세율이 적용된 것이다. 한국이 재정 파탄에 빠지게 되는 결정적 원인도 바로 여기에 있었다. 어렵사리 초빙한 미국 훈련교관에게 월급도 제대로 지급할 수 없었던 것이 당시 우리의 처지였다.

역사 인식의 혼란은, 조영조약 체결 직후에 발발한 임오군란(1882년 7월 23일)을 틈탄 영국의 조약 비준 거부에 대해 이해가 없

---

17) 중앙교육진흥연구소·두산·천재교육·대한교과서 등은 모두 한영조약의 체결 연대를 1882년이라고 하고 있다. 그러나 한영신조약에 대해 언급한 교과서는 하나도 없다.

다는 데 있다. 이 문제에 대해서는 2006년도 역사학회 하계 심포지움에서 금성 교과서 저자와 토론을 통해 충분히 알아들을 수 있도록 설명한 바 있고, 그 내용은 이미 활자화된 바도 있다.[18]

(6) 다시 말하거니와, '조영조약'과 '조영신조약'은 우리가 영국과 맺은 조약이라고 해서 같은 내용이 결코 아니다. '신조약'은 관세율을 거의 절반으로 깎아놓은, 우리나라에 지극히 불리한 조약이었다.

우리의 외교 정책을 미·영 위주에서 그 적대 세력인 러시아 위주로 전환케 한 연유도 바로 여기에 있었다. 이는 영국에 대한 반발과 미국에 걸었던 우리의 기대가 실망으로 바뀐 결과였다. 이는 개항 초의 '조선책략'적 외교 노선의 전면 청산을 의미하는 우리나라 외교 정책의 일대 전환을 의미하는 것이었다.

인과관계를 전제로 하지 않는 한 역사는 암기 과목이 될 수밖에 없고, 학생들에게 틀린 사실을 가르치게 되는 불행한 결과를 빚고 만다. 대안 교과서도 이 문제에 관한 한, 정도의 차이가 있을 뿐 사실과 어긋나는 점이 적지 않다.

"조선왕조의 자주외교를 위한 노력은 1882년 미국과 체결한 조미통상수호조약(朝美修好通商條約)에서 다소의 결실을 거두었다. 조약 체결을 주선했던 청이 한국은 자국의 속방이라는 규정을 조약

18) 역사학회 편,《한국 근·현대사 교과서의 '독립운동사' 서술과 쟁점》(경인문화사, 2006), 272~273쪽, 329~336쪽.

에 삽입하려고 했으나 미국의 반대로 실현되지 못했다.” 그리고 “이 조약에서 조선왕조의 관세주권이 인정되어 수입품에 대해 10~30%, 수출품에 대해 5% 상한의 관세가 부과되었다. 이러한 내용으로 조선왕조와 미국 간의 통상조약이 체결되자 그때까지 조선왕조와 조약 개정에 냉담했던 일본도 자세를 달리하여 조약 개정의 교섭에 임하였다”는 기술이 바로 그런 것이다(대안, 35쪽).

우선 한국이 청국의 속방임을 인정하는 데 미국이 반대한 것은 사실이다. 그렇지만 그 이유는 사실과 달랐다. 미국이 반대한 까닭은, 이것을 인정할 경우 자기네가 청국의 속방과 수교를 맺는 꼴이 되기 때문이었다. 우리의 자주외교 노력이 “다소의 결실”을 거두었기 때문이 아니었다.

또한 일본이 조선과 조약 개정에 응한 원인도 한미조약이 체결되었기 때문이 아니다. 강화도조약 체결 이후 일본이 누려온 무관세 혜택을 더 이상 방치할 경우 자기들의 권익이 침해당할 것을 우려한 이홍장(李鴻章)이 독일인 묄렌도르프(P. G. von Möllendorff)를 파한하여 해관(海關)을 설치한 것이 그 직접 원인이었다(인천에 해관 설치, 1883년 6월 16일).[19]

(7) 두 교과서는 1882년의 조미수교 이후 1884년 조러수교까지

---

19) Lee Yur-bok, *Diplomatic Relations Between The United States and Korea 1866~1887*(New York Humanity Press, 1970), 54쪽 ; 최문형, 《한국을 둘러싼 제국주의 열강의 각축》, 51~52쪽.

를 기술하며 그 중간에 발발한 임오군란의 여파에 대한 언급이 없다. 따라서 사건과 사건과의 인과관계가 분명치 않게 된 것이다.

특히 금성 교과서의 경우, 사건의 발발 일자를 음력으로 표기하고 있다. 양력과 음력을 혼용한 데 따른 혼란도 눈에 띄거니와, 중대한 사건에도 연대를 밝히지 않았다(금성, 64쪽).

그리고 조청무역장정에 대해서도 금성 측은 "(청은) 조·청 상민 수륙 무역 장정 체결을 강요하여 자국 상인이 조선 경제에 침투할 수 있게 하였다"고 했다. 이어 "조선은 일본과 제물포 조약을 체결하여 배상금을 물고, 일본 공사관의 경비병 주둔을 인정하였다"고 기술하고 있다(금성, 64쪽).

한편, 대안 측은 "(임오군란을 수습하는) 강압적인 분위기 속에서 1882년 10월 조청상민수륙무역장정(朝淸商民水陸貿易章程)이 발포되었다"고 기술하고 있다(대안, 35쪽). 두 경우 모두 문장상으로는 별로 문제될 것이 없다.

그렇지만 강조해야 할 점과 문제의 본질을 정확하게 밝히지 못한 점은 마찬가지다. 대안 측도, 청국이 조선에 장정을 강압한 것은 사실이지만, 그들이 왜 이것을 그리도 갑작스럽게 강압했는지를 분명하게 밝히지 못했다. 이는 구미 열강이 청국의 전통 깊은 권익을 제치고 한국의 경제 권익을 독점하게 될까 우려했기 때문이었다.

유럽 열강의 침투에 직면하자 자기들이 이들에 앞서 더 유리한 한국 침투 여건을 만들기 위해서였다. "장정 체결을 강요하여 자국 상인이 조선 경제에 침투할 수 있게 하였다"고 한 금성 측의 표현 역시 청국이 갑자기 강경으로 정책을 돌변한 배경 설명이라고는 하기 어렵다. 그리고 조선이 배상금을 물은 것도 일본의 강압에 못 이겼기 때문이었음을 밝혔어야 했다.

(8) 대안 교과서도 사실 관계에 관한 한 문제가 있다는 점에서는 금성 교과서와 사실상 차이가 없다. "1883년에 영국과 체결한 조영수호통상조약(朝英修好通商條約)은 불평등조약 체제의 완결판이었다.… 이 조약은 한국이 독일(1883), 러시아(1884), 이탈리아(1884), 프랑스(1886)와 체결한 조약의 원형이 되었으며…"라고 기술한 점이 바로 그것이다(대안, 35~36쪽).

거듭 강조하거니와, 조영수호통상조약(Willes treaty)을 체결한 연도는 1883년이 아니라 1882년 6월 6일이다. 그리고 조영수호통상조약이 독·러·이·불과 "체결한 조약의 원형이 되었"다는 기술도 잘못이다. 그 원형이 된 것은 조영수호통상조약이 아니라, 1883년 11월 26일부로 체결된 '조영신조약(Parkes treaty)'이다. 이 역시 두 조약을 혼동한 데서 발단된 문제다. 파크스가 임오군란(1882년 7월 23일)의 혼란을 틈타 '조영조약'의 비준을 거부하고 새로 체결한 조약이 바로 '조영신조약'임은 이미 거듭 설명한 바 있다. 둘은 우선 관세율부터가 현격하게 다르다. 조약이 체결된 경위와 인과관계를 무시한 채 일률적으로 차례로 체결된 것처럼 기술한 점에서 두 교과서는 사실상 차이가 없다.

물론 수교에 대해 간략한 언급을 한 경우는 있었다. 그러나 이마저 교과서에 따라 조영·조독 수호조약의 체결 연도를 각기 달리하고 있다. 중앙교육과 천재교육의 경우는 명시하지는 않았지만 1882년으로 기재하고 있는 것으로 읽혀진다.

"미국과의 조약을 체결한 뒤에 조선은 잇달아 영국과 조·영 수호 통상 조약, 독일과 조·독 수호 통상 조약을 체결하였다"(천재교육, 72쪽)고 한 점과 전후의 문맥으로 미루어, 그 연대를 1882년으로 잡고 있는 것이 분명하다. 이와 달리 금성출판사의 경우에는 1882년의 조영 및 조독 조약에 대해서는 일언반구의 언급도 없이 이 두 조약의 체결 연도를 막바로 1883년이라고 못박고 있다(금성, 52쪽의 도표).

6. 구미 열강과의 수교:사실 관계 (2)

(1) 일본이 한국과 수교를 맺는 데 성공하자, 미국은 자기들의 한국과의 수교 주선을 일본에 의뢰했다(1880년 3월). 그러나 일본은 일단 응락은 했지만(5월 28일) 성의껏 협조해주지 않았다. 한국에서 확보한 자기들의 기득권이 열강에게 침해당할까 우려했기 때문이다.

그러자 청국이 자청해서 이 주선을 맡아주겠다고 나섰다. 청국에게는 이를 맡아주어야만 할 절실한 이유가 새로 발생했기 때문이다. 이리분쟁(伊犁紛爭)의 선후책인 리바디아조약(1879년 9월 15일 조인)이 자국에게 일방적으로 불리하게 체결된 사실을 알게 되자 청국이 이 조약을 일방적으로 거부해버렸기 때문이다. 즉, 러·청 사이에 새로운 분쟁 위험이 발생했던 것이다.

그리고 이 분쟁이 다시 동아시아 정황을 크게 바꾸어놓을 것이 분명해졌던 것이다. 러·청 사이의 충돌은 이미 그해 10월부터는 신강 지역의 육전(陸戰)으로 국한될 수만은 없게 되었다. 즉, 러·청 두 적대국의 함대가 동아시아로 집결, 이제 새로이 해전(海戰)으로 발전될 기세였다. 전운(戰雲)이 당장이라도 동아시아에 밀어닥칠 것 같은 판국이었다.[20]

따라서 러시아가 이 대결을 위한 준비 작업으로서 한국 동해안의 어느 항구를 점령할 것임은 쉽게 예견할 수 있는 형세였다. 블라디보스토크에 근거를 둔 러시아 함대가 청국 함대와 대결하기 위해서는 한국의 동해안을 따라 내려올 수밖에 없었기 때문이다.

이런 상황에서 일본은 당연히 공러의식(恐露意識)을 느낄 수밖에 없었다. 그리고 러시아와 한판 해상 대결을 앞둔 청국도 일본 이상으로 불안해질 수밖에 없었다.[21] 따라서 이들 청·일 두 나라의 당면한 당시의 지상 과제는 무엇보다도 러시아의 남하를 저지하는 일이었다.

---

20) 津田多賀子, 〈1880年代に おける 日本政府の 東アジア政策と列强〉, 《史學雜誌》, 第91編, 第12號(1982).

21) 같은 글 참조.

이것이 청·일 두 나라의 대러 공동 전선 구축으로 이어지게 했다. 여기서 청국이 일본과 협력한다는, 상식적으로는 믿기 어려운 정황이 나타났던 것이다. 따라서 파크스로서는 이런 정황이 이들에게 공러의식을 고취할 수 있는 그야말로 절호의 기회가 되었던 것이다.

(2)　이에 청·일 양국은 우선 한국을 무력으로 위압해서라도 구미 열강과 수교를 맺게 해야겠다고 생각했다. 주일 청국공사 하여장(何如璋)이 참찬관 황준헌(黃遵憲)을 시켜 김홍집에게 《조선책략(朝鮮策略)》을 전해준 것도 이러한 시대 배경 아래에서 일어난 일이었다(1881년). 모두 알고 있듯이, 그 주요 내용은 '친중국 결일본 연미방(親中國 結日本 聯美邦)'이었다.

청국은 러시아라는 강대국과 대결을 눈앞에 둔 위급한 상황에서 일본과의 연대(連帶)라고 해서 마다할 수가 없었다. 물론 청국의 '결일본' 주장은 적대적이던 그때까지의 양국 관계로 미루어 얼핏 보아 사리에 맞지 않는 느낌을 주는 것이 사실이다. 그렇지만 이는 바로 이 같은 청국의 위급 상황에서 비롯된 불가피한 일이었다.

청국이 조미수교·조영수교를 자진하여 적극 주선한 진정한 이유는 바로 여기에 있었다. 이는 리바디아조약 체결 직후 러시아의 동아시아 남하를 막기 위한 미국과 영국의 대응 조치이기도 했다. 그러나 두 교과서는 모두 이런 역사적 배경에 대한 최소한의 설명도 없다. 한국사 개설서 어디에도 이런 설명을 찾아볼 수가 없다.

따라서 청국이 왜 그리도 갑자기 우리에게 구미 열강과의 수교를 적극 주선했는지 그 연유를 알 수가 없는 것이다. 동시에《조선책략》에서 청국이 왜 적성국이던 일본과 협력을 언급했는지 그 까닭도 알 길이 없는 것이다. 이는 우리를 둘러싼 국제 정황에 대한 이해 없이는 역사를 올바로 기술할 수 없다는 또 하나의 사례라고 할 수 있다.

(3) 조미조약 체결은 물론 미국이 먼저 청국에 주선을 요청했다. 난파선 구제와 시장 개척을 위해 그들도 한국과 수교가 절실했기 때문이다. 미국의 주목적은 어디까지나 시장 개척에 있었다. 이것이 시장 개척보다 러시아의 남하 저지에 일차적 목적을 두었던 영국의 경우와 다른 점이었다.

그러나 영국은 위에서 말한 바와 같이 러시아를 자극하게 될까 두려워 행동을 자제하고, 한국과 수교 교섭을 하는 데서도 먼저 미국을 앞세웠다. 미국이 1882년 5월 22일 조미수호통상조약을 체결하자, 같은 해 6월 6일 조영수호통상조약 그리고 이어 6월 28일 조독수호통상조약이 각각 체결되었다. 이는 조미조약 이후 겨우 1개월 여 만의 일이었다. 그 내용도 이홍장의 협조를 받아야 했기 때문에 조미조약과 조규(條規)를 동일한 내용으로 할 수밖에 없었다. 따라서 이홍장으로서는 당시 자신의 '이이제이(以夷制夷)' 정책이 성공했다고 확신했던 것이다.

(4) 그러나 그의 꿈은 이후 1개월도 지나기 전에 끝나고 말았다. 한국에서 임오군란이 발발했다(1882년 7월 23일)는 소식을 접했기 때문이다. 군란은 민씨 정권에 대한 군인들의 항거였지만, 처음부터 반일적인 성격을 띠고 있어 일본에게는 크게 당혹스러운 일이었다.

그렇지만 군란은 일본 못지 않게 이홍장도 크게 당혹케 했다. 그의 주선으로 한국과 수교를 맺은 구미 열강이 군란의 혼란을 틈타 경제 침략의 호기로 이용할 것임을 그는 경험을 통해 잘 알고 있었기 때문이다.

영·독이 당초 그의 계획대로 움직여줄 리가 없었다. 이들 열강을 끌어들임으로써 청국은 오히려 자기들의 대한(對韓) 종주권이 침해당할 위험에 처하게 된 판국이었다. 군란이 발발하자 영국과 독일은 위에서 말한 바와 같이 체결한 지 1개월밖에 안 된 조영조약과 조독조약의 비준을 거부했다. 그들이 한국과 맺은 조약이 청·일과 기왕에 맺은 조약보다 크게 불리하다는 것이 이유였다.

(5) 따라서 군란은 영국과 독일에게 한국에 대한 경제 침략 야욕을 노골화할 수 있는 기폭제로 이용된 된 셈이었다. 그러자 청국은 종래의 태도를 돌변, 한국에 대한 종주권을 강화하고 적극적으로 개입 의도를 분명히 했다.

사태 수습을 위한 방법으로 청국은 먼저 군란으로 집권한 대원군부터 납치했다(1882년 8월 26일). 그리고 대한 종주권 강화를 위한 방법으로 한국에 조중통상장정 체결을 강압하고(1882년 10월 4일), 독일인 묄렌도르프를 외교 및 경제 고문으로 파한했다.[22]

통상장정이 열강에 대응하기 위한 청국의 조치였다면, 묄렌도르프 파한은 강화도조약 이후 7년 동안이나 누려온 일본의 무관세 혜택을 종식시키기 위한 조치였다. 조중통상장정은 불평등의 극치로서, 관세율을 파격적으로 깎아놓은 신판 '종속의 문증(文證)'이었다. 그러나 영국이 이 같은 청국의 한국 이권 독점을 용납할 까닭이 없었다.

임오군란이 파크스에게 조영조약 비준을 거부하는 기회가 되었다면, 조중통상장정 관련 정보는 그에게 신조약 체결을 강압할 수 있는 결정적 구실이 되었다. 그는 김옥균·박영효 등이 일본 외무성의 주선으로 자국 공사관을 찾아온 기회를 이용, '신조약' 체결을 위한 모든 준비 작업을 단숨에 해치웠던 것이다.

(6) 이어 그는 이를 실행에 옮기기 위한 구체적 작업에 착수했다. 고오베(神戶)주재 영국공사 애스턴(A. G. Aston)은 이 임무를 수행하기 위해 두 번이나 군함을 끌고 한국을 방문했다. 한국 정부 당국으로부터 신조약 체결을 거듭 확약받는 것이 그의 임무였다. 그리고 이런 움직임은 일본에게도 관세상의 혜택을 허용, 같은 해 7월 25일 '한일통상장정 및 세칙'을 조인하게 된 것이다.

---

22) F. C. Jones, 앞의 책, 340쪽.

이것은 일본에게만 유리하게 작용한 것이 아니었다. 영국과 독일은 물론 이 외교 공작에 공동 참여를 거부한 미국에게도 관세상의 형평을 요구할 수 있는 구실이 되었다.[23] 일본은 영국과 독일의 조약 비준 거부를 통상장정 체결을 위한 기회로 이용했고, 영국과 독일은 한·일 사이의 통상장정 체결을 다시 자기들의 신조약 체결을 위한 구실로 활용했다.

모든 준비를 갖춘 뒤에 파크스는 1883년 10월 26일 제물포에 도착, 요코하마(橫濱)주재 독일영사 차페(Zappe)와 합류했다. 그리고 이후 거의 1개월에 걸친 끈질긴 한국과 담판 끝에 같은 해 11월 26일에 민영목·묄렌도르프와 '조영신조약'을, 그리고 독일과는 '조독신조약'을 조인하게 되었다.

(7) 재차 강조하지만, 조영신조약은 1882년의 조미조약 및 조영조약과는 그 내용이 한국에 크게 불리해진 것이었다. 이후 모든 열강과의 수교는 조미조약·조영조약이 아니라 '조영신조약'을 모델로 따르게 된 것이다. 1882년의 '조영조약'으로 정략적 목적을 달성한 영국은 이제 1883년의 '조영신조약'으로 경제적 목적까지 충족시켰다. 조영조약의 경우보다 관세율을 거의 2분의1 내지 4분의 1이나 파격적으로 삭감한 것이 그 내용이었다.[24]

---

23) 같은 책, 389쪽.

24) *Foreign Office*(London ： Public Record Office) 405/34. 수입세율을 종가 5퍼센트, 7.5퍼센트, 10퍼센트, 25퍼센트 등 4종으로 구분했지만, 영국 수출품의

더욱이 문제는 이 낮아진 관세율이 영·독에만 적용된 것이 아닌 데 있었다. 다시 말하거니와, '최혜국 조관'에 따라 한국과 수교를 맺었거나 앞으로 맺게 될 모든 나라에게도 다 같이 이 낮은 관세율이 적용된 것이다. 그럼에도 영국은 한국에 대한 청국의 종주권을 배제해주는 데는 조금도 협력하지 않았다. 오히려 청국의 대한 종주권을 외교적으로 지원했던 것이다.

자기들의 주청 전권공사에게 주한 공사를 겸임케 하고, 서울에는 대리총영사를 그리고 제물포에는 영사를 두어 각각 베이징에 종속시켰던 것이다. 영국은 러시아의 남하를 막는 데 청국을 이용할 필요가 있었기 때문이다.

(8)   이는 당시 외교를 맡고 있던 개화파의 실패를 드러낸 분명한 사례였다. 외교고문과 군사교관 초청을 위한 그들의 미국 사행(使行)마저 실패로 끝나자, 외교의 주도권은 1884년 5월을 기해 자연스럽게 민왕후 측으로 넘어갔다.

이 정황에서 민씨 정부는 영국의 적대 세력인 러시아를 끌어들이는 방법밖에 사실상 남은 방도가 없었다. 러시아의 천진주재 영사 베베르(Karl Ivanovich Weber)가 묄렌도르프의 주선을 받아 내한하여(1884년 6월 24일) 수교 교섭을 벌인 것은 바로 이런 상황에서 일어난 일이었다.

대종을 이루는 면직물에 대해서는 세율을 5퍼센트와 7.5퍼센트로 정했다. 자국 수출품의 80~90퍼센트를 낮은 세율의 대상이 되도록 하기 위해서였다.

　이 결과 조러수호조약은 이후 겨우 2주일 만인 1884년 7월 7일 베베르와 김병시(金炳始)가 서명함으로써 전격 조인되었다.[25] 미·영에 대한 강렬한 배신감이 한국 외교를 정반대 방향으로 바꾸어 놓았다고 해도 지나친 말이 아니었다. 즉, 개국의 원리와도 같았던 '조선책략'적 외교 노선이 겨우 2년 만에 전면 청산된 것이다.

---

25) E. V. G. Kiernan, *British Diplomacy in China, 1880~1885*(Cambridge, 1939), 74~85쪽.

제2장

열강 사이의 이권 경쟁과 한국의 정황

1. 갑신정변과 정황 변화 (1)

(1) 금성 교과서는 "갑신정변 이후 청은 여세를 몰아 더욱 노골적으로 내정 간섭을 하였다. 일본도 침략의 발판을 잃지 않기 위해 청과 담판하여 조선에서 청·일 양국 군대가 모두 철수할 것과 앞으로 조선에 군대를 파병할 경우에는 서로 통고할 것을 내용으로 하는 톈진 조약을 맺었다(1885)"고 기술하고 있다(금성, 69쪽).

천진조약의 내용 설명에는 아무런 문제가 없는 것 같다. 정변 이후 청국의 위압에 맞서 일본이 한반도에서 발판을 잃지 않으려 했다는 기술도 사실과 어긋남이 없다. 다만 일본이 천진조약을 체결한 주목적이 마치 청국에 대항하는 데 있었던 것처럼 기술한 점이 문제라는 것이다.

조약 체결의 주목적은 러시아의 위협에 대응하기 위해 양국의 충돌을 막자는 데 있었다. 청·일 두 나라가 한국에서 이해가 상충되던 상황에서, 닥쳐오는 러시아의 위협에 대응하기 위해서는 우선 양국 군의 철군이 필요했던 것이다. 천진조약의 내용이 양국의 충돌 방지로 시종된 이유도 바로 여기에 있었다.

다시 말하거니와, 대강국 러시아의 현실적 위협에 당면하여 먼저 두 나라의 충돌부터 막자는 것이 바로 천진조약 체결의 일차적 목적이었다. 즉, 러시아가 영흥만이라는 부동항을 조차하여 해군기지를 건설할 것이라는 우려가 확산되자 이에 불안을 느낀 나라는 영국만이 아니었다. 청·일 두 나라도 마찬가지로 큰 위협을 느졌던 것이다.

그런데 교과서는 물론 우리 한국사학계가 한결같이 러시아라는 새 변수에 대한 언급은 하지 않고 있다. 1885년 1월 9일의 한성조약은 일본 최고의 조선통이던 이노우에 가오루(井上馨)가 담당했고, 천진조약은 이토 히로부미가 러시아통 외교관 에노모토 다케아키(榎本武揚)의 보좌를 받아 처리한 사실로도 알 수 있다.[1]

(2) 갑신정변의 실패로 청국의 간섭이 심해지고 이에 맞서 일본의 대응 또한 심각해지자, 한국은 대러 접근에 더욱 박차를 가할 수밖에 없었다. 이른바 '조러밀약'설은 이런 정황에서 파급된 일종의 '소문'이었다. 이것은 그 실체가 분명치 않은 것이라고도 하고 또 러시아 학자들은 그 실체를 부정하고도 있다.

그렇지만 이것은 진실 여부와 관계없이 한반도를 둘러싼 국제 관계를 크게 뒤바꾸어놓았던 것이다. 한반도에서 영·러 대결이 더욱 노골화하게 된 계기가 바로 여기에 있었다. "이제 한반도는 열강들의 대립으로 국제 분쟁에 휩쓸릴 위험성이 커져 갔다"는 금성 교과서의 표현(금성, 69쪽)은 정확한 것이 아니다.

열강'들'이라고 표현한 것도 어색하거니와, 한국은 "국제 분쟁에 휩쓸릴 위험성이 커져 갔다"는 표현도 정확한 것이 아니다. 1885년 현재, 한반도는 이미 국제 분쟁의 한복판에 빠져든 상태였

---

1) 《日本外交史辭典》(日本外交史料館 日本外交史辭典編纂委員會, 1979).

다. 영국은 1882년의 조영수교로 한국 땅에 이미 발을 들여놓았
고, 그들의 잠재 적국인 러시아는 1884년에 뛰따라 들어왔기 때문
이다. 그리고 이들보다 훨씬 이전부터 청·일의 대립이 있어왔다.
따라서 국제 분쟁의 위험성이 이 무렵부터 비로소 커져간 것이 아
니었다.

(3) 그럼에도 금성 교과서는 조러수교에 대해 얼언반구도 없이
"이러한 정세에서 정부는 청의 간섭에서 벗어나기 위해 러시아를
끌어들이는 조·러 비밀 협약을 추진하였다"고 서술한 것이 전부
다(금성, 69쪽).

조러수호조약 체결의 전후 관계도 밝히지 않은 채 '비밀 협약'
을 추진했다고 한 기술도 문제려니와, 아무런 설명 없이 이것을
'비밀 협약'이라고 한 것도 지나친 표현이다. 실체가 분명하지 않
은 이상 '비밀 협약'설이라고 표현했어야 했다.

한국이 러시아를 끌어들인 시기도 사실과 어긋난다. '비밀 협
약'설이 나돌기 이미 5개월 전에 러시아는 조러수호조약을 체결
했다(1884년 7월 7일). 한국이 영·미에 의존할 수 없는 상태가 된 처
지에서 조러수호조약을 체결했다는 사실은 이미 위에서 언급한
바 있다. '조러밀약'설을 언급하려면 '조러수호조약' 체결에 대한
최소한의 배경 설명은 먼저 있어야 했다.

(4) 대안 교과서도 이 문제에 관한 한 분명치 않기는 금성 교과서

와 사실상 차이가 없다. "이후 영국은 1884년 조선왕조와 러시아가 조약을 체결하자 1885년 4월 전남 거문도를 강제로 점령하였다(거문도 사건). 영국은 청의 리홍장(李鴻章)이 중재하여 러시아로부터 한국의 영토를 점령하지 않겠다는 약속을 받아내자 1887년 2월에 군대를 철수하였다"고 기술하고 있다(대안, 36쪽).

대안 측도 영국이 거문도를 점령하게 된 계기에 대한 기술이 분명치 않다. 거문도를 점령한 계기가 조러수호조약(1884년 7월 7일)이었는지, '조러밀약'설(1884년 12월, 1885년 1월)이었는지를 구별할 수 없게 기술하고 있다. 영국이 거문도를 점령한(1885년 4월 15일) 계기는 분명히 '조러밀약'설에 있었다.

이어 대안 측은 "리홍장이 중재하여 러시아로부터 한국 영토를 점령하지 않겠다는 약속을 받아내자 1887년 3월에 군대를 철수하였다"고 하고 있다(대안, 36쪽). 이 역시 미소한 차이지만 3월이 아니라 2월 27일이다.

철군한 원인도 일반적으로 알려진 바와는 다르다. 자국 해군 측이 거문도의 전략적 가치를 종전과 달리 낮게 평가한 데 따른 조치였다. 즉, 영국은 자기들의 필요에 따라 철군하면서도 이를 위한 선행 조건을 러시아와 타협하도록 청국에 위임했던 것이다.

여기서 청국은 이른바 '리─라디젠스키 구두협약'을 통해, 한국 병합이라고까지는 할 수 없었지만 대한 종주권을 한껏 강화할 수 있는 외교상의 호기를 얻었던 것이다. 두 교과서가 다 같이 정변의 결과에 따른 '밀약'설, 거문도 사건 등의 원인과 결과를 명확하게 밝힌 것 같지 않다.

2. 갑신정변과 정황 변화 (2)

(1) 대안 교과서는 "갑신정변을 서양의 부르주아혁명으로 평가하는 것"도 "갑신정변을 저평가하면서 그 주역들에게 식민지화의 책임까지 묻는 것"도 잘못이라고 전제하고 있다. 그리고 이어서 "비록 실패했지만 갑신정변의 주역들은 한국 근·현대사에서 근대화를 추구했던 선각자들로 적극 평가되어야 한다"고 결론을 내리고 있다(대안, 40쪽).

한편 금성 교과서는 갑신정변에 대해 "양반 지주층의 일부가 중심이 되어 위로부터 근대화를 꾀하였다는 점에서 갑오개혁의 본보기가 되었다"고 전제하고 있다. "그러나 급진 개화파는 일본의 침략 의도를 인식하지 못하고 무력 지원을 받아 정변을 일으킴으로써 대다수 관료와 일반민의 지지를 끌어내지 못한 채, 오히려 외세의 조선 침략을 가속화하는 결과를 가져왔다"고 결론짓고 있다(금성, 67쪽).

아울러 "농민들의 바람을 적극적으로 받아들이려고 하지 않았다"는 사실도 지적했다(금성, 67쪽). 이 양론은 이 문제에 대한 우리 한국사학계의 대표적인 견해라고도 할 수 있다. 문제의 중요성에 비추어 좀더 자세한 고찰이 필요할 것 같다.

(2) 갑신정변을 두고 우리나라 최초의 부르주아 개혁의 시도였다고들 말한다. 그러나 갑신정변은 개화파의 본래의 의지와는 달리 청국의 대한 종주권을 더 한층 강화시켜놓는 결과를 초래하고 말았다.

그럼에도 교과서 필자들과 한국사 전공자들은 정변을 주도한 개화파의 선각자적 의식과 그들이 사상사에 기여한 점만은 다 같이 인정하고 있다. 그들이 사용한 전거가 주로 《갑신일록(甲申日錄)》과 《갑신정강(甲申政綱)》이었기 때문이라고 생각된다.

이는 김옥균이 망명 중에 쓴 일기이고, 자기들의 집권을 정당화하기 위한 정견으로서 그들의 개혁의지가 담겨져 있을 것이 분명하다. 그렇지만 이것은 갑신정변이라는 역사적 사건의 전모를 이해할 수 있는 완벽한 자료일 수는 없다는 것이 저자의 생각이다.

개화파의 사상 및 의지와 이것이 행동화된 갑신정변이라는 사건은 엄밀히 구분되어야 하는 것이다. 사건이 그들의 의지대로 실현되지 않았을 뿐만 아니라, 거꾸로 전혀 반대의 결과를 초래했기 때문이다. 사건을 연구하는 데서 그 동인(動因)이나 주도자의 의지도 물론 중요하지만, 이에 못지 않게 결과도 마찬가지로 중요하다.

그럼에도 우리 교과서는 이 점에 대한 기술이 소략한 것 같다. 정변을 설명하면서 대안 측은 결과가 아니라 개화파의 선각자적인 의지를 집중 부각시켰고, 금성 측은 일본의 침략성을 제대로 파악하지 못한 데 따른 그들의 부정적인 결과를 강조하고 있다. 어쨌든 '14개 정강'은 실패로 끝난 개화파의 꿈에 지나지 않은 것이었다.

그런데 이 정강 기술에 지면의 한 페이지를 통째로 할애한(금성, 68쪽) 것은 분명히 균형 잡힌 배분이라고는 할 수 없다. 청일전쟁·러일전쟁을 한두 줄로 처리하고, 윤봉길 의사와 안중근 의사의 의거도 소략하기 그지없게 서술한 것을 감안하면 더더욱 그렇다.

(3) 개화파를 갑신정변이라는 사건을 기준으로 평가하는 것은 이상할 것이 없다. 그러나 우리 한국사학계가 오로지 갑신정변이라는 사건 하나만을 개화파에 대한 유일한 평가 기준으로 삼고 있는 것은 문제가 아닐 수 없다. 개화파는 정변을 일으킨 1884년 이전에도 외교 담당자로서 오히려 더 많은 행적을 쌓아온 사람들이었기 때문이다

그들을 바르게 평가하기 위해서는 정변과 함께 그들의 정변 이전은 물론 그 이후의 행적에 대해서도 함께 다루어야 한다. 그래야만 이들에 대한 정당한 평가와 함께 정변을 일으킨 확실한 원인도 구명할 수 있기 때문이다.

(4) 개화파는 영국 이용 계획도 실패로 끝나서 거꾸로 역이용당했고, 미국 이용 계획도 마찬가지로 실패로 끝나고 만 전력이 있었다. 그들은 의기만 충천했을 뿐 실제로 세계 정황에 대한 이해도, 정보도 없었다. 김옥균은 32세, 박영효는 22세에 지나지 않은 젊은이들이었다.

이들이 일본 외무성의 주선으로 주일 영국공사관을 찾아가서 청국의 간섭을 배제하기 위한 외교 교섭을 벌였던 것이다. 그 교섭 상대가 바로 주일 공사 경력만 18년이던 50대 후반의 노회한 외교관 파크스(Harry Parkes)였다.

그 결과는 처음부터 예견된 것이었다. 결국 그 전모는 1883년 11월 26일의 조영신조약 체결로 드러난 것이다. 아울러 그들의 미국 이용 계획도 실패로 끝나서 파미보빙사절단(派美報聘使節團)의 귀국(1884년 5월 31일)과 더불어 그들은 끝내 궁지로 몰리고 말았다.

이처럼 외세 이용에 두 번이나 실패한 경험을 가진 이들이 또다시 일본을 이용해 정변을 기도했던 것이다. 이는 어느 모로 보나 개화파에 대한 평가를 높게 할 수 없는 중요한 근거라고 할 수 있다. 물론 그들이 일본에 전적으로 의존하려 했던 것은 아니라고도 말한다. 그들이 정변을 황급하게 서둘렀던 원인도 여러 가지 명분이 있기는 하지만, 궁지로 몰린 자신들의 위급한 처지를 벗어나기 위한 면이 더 컸다고도 말할 수 있다.

(5) 민왕후가 외교권을 장악하게 된 것도 보빙사 일행이 귀국한 1884년 5월 무렵의 일이었다. 민영익이 이들 진영에서 이탈해 서울의 치안 책임자 격인 우영사(右營使)로 임명되자, 그는 개화파에 대한 탄압을 서슴지 않았다. 수신사와 보빙사의 정사(正使)로서 개화파와 일본 및 미국을 함께 다녀온 민영익의 이탈은 개화파들에게 그야말로 엄청난 공포였다.

더욱이 민영익의 우영사 임명은 조러수교까지 이미 체결된 직후여서 그들의 입지는 그야말로 사면초가였다. 따라서 김옥균 등 개화파에게 정치 생명을 이어갈 수 있는 방법은 이제 쿠데타라는 비상 수단밖에 남지 않은 처지였다. 그런데 바로 이런 상황에서 청불전쟁의 발발 위기가 고조되었던 것이다.

이에 개화파는 친청 세력에게 결정타를 가할 수 있는 절호의 기회라면서 이를 반겼고, 일본도 자국의 한국 침투를 방해하는 청국에 반격을 가할 수 있는 절호의 기회라고 여겼던 것이다.[2] 이것이 개화파가 쿠데타를 서두른 배경이었다.

(6) 그럼에도 대안 교과서는 개화파가 정변을 서두른 직접 원인이 당시 정부의 무능으로 말미암은 시간 낭비에 있었다고 강조하고 있다. "정변이 실패한 이후 청일전쟁에 이르는 10년간 조선왕조가 청의 강한 간섭과 통제하에서 근대적 개혁을 추진하지 못하고 현실에 안주하여 황금 같은 시간을 낭비했다는 사실에 유의할 필요가 있다"는 표현이 그 일단이다(대안, 40쪽).

그러나 이것은 교과서 집필자의 상상에 지나지 않은 이야기다. 물론 정변 이후의 정세를 가지고 정변의 원인을 상상할 수는 있을 것이다. 그렇지만 시간 낭비만이 원인이었다면 그들이 그렇게도

---

2) 이는 임오군란 직후 일본에 장기간 체류하던 주한 공사 다케조에(竹添進一郎)를 한국으로 급거 귀임시킨 그들 정부의 조치로도 알 수 있는 일이다.

황급하게 정변을 서둘러야 할 필요까지는 없었을 것이다.

개화파의 신변에 닥친 당장의 현실적 위협이 그들로 하여금 정변을 황급히 서둘게 한 직접 원인이라는 설명이 더 합리적일 것이다. 물론 정변 이후 청일전쟁에 이르는 10년 동안은 천진조약으로 청·일 양국 군대가 모두 한국에서 철수한 상태였다. 그러나 개화파가 몰락하고 수구 세력이 집권한 상황에서 양국 군대가 철수했다고 하여 청국 세력마저 완전히 없어진 것은 아니었다.

더욱이 당시의 청국은 영국의 지원을 받아 대한 종주권이 오히려 더 강화되어 있었다. 당시의 처지로는 정부가 유능해지려고 해도 유능해질 수가 없었겠지만, 그 무능은 1884년 12월에 갑자기 나타난 것이 아니었다. 정변을 서두른 원인을 수구 정부의 무능만으로 돌릴 수 없는 이유가 바로 여기에 있다.

모두 알고 있듯이, 갑신정변은 '3일 천하'로 끝이 났다. 물론 개화파의 실패 원인이 "농민들의 바람을 적극적으로 받아들이지 않아 그들의 폭넓은 호응을 이끌어내지 못한 데"도 물론 있었을 것이다. "깔끔한 서유럽 근대주의의 교양을 몸에 익힌 개화파 신사들의 눈에 민중은 부끄러운 후진성을 벗어나지 못한 계몽의 대상, 즉 우민(愚民)으로밖에 보이지 않았을 수도 있다."[3]

어쨌든 개화파의 개혁을 지지하는 사회적 기반이 취약했던 것은 사실이다. 그러나 더 큰 문제는 개화파의 국제 정황에 대한 이

---

3) 梶村秀樹, 《朝鮮史の枠組と思想》(東京 : 硏文社, 1982), 115쪽.

해 부족에 있었다고 하는 편이 더 합리적일 것이다. 앞에서 다룬 바도 있지만, 외세를 이용하려다 두 번이나 실패한 경험을 가진 개화파가 아무런 사전 정보도 없이 또 다시 외세(일본)를 이용하려 한 것이 바로 문제였다는 이야기다.[4]

다케조에의 귀임 일자를 《갑신일록》의 시발점으로 한 사실로 도 알 수 있듯이, 그들의 친일색은 부정하기 어렵게 되어 있다. 그 들은 의기만 충천했을 뿐 약자가 강자를 이용하는 것이 거의 불가 능하다는 사실을 깨닫지 못했던 것이다.

(7)　정변은 개화파의 전면 몰락이라는 국내 정황 변화만으로 끝 난 것이 아니었다. 열강이 저마다 상대의 한국 선점(先占)을 경계 하며 한국 땅으로 몰려들었던 것이다. 따라서 정변은 임오군란의 경우 이상으로 열강의 한국 침투를 한층 더 격화시키는 결과를 초 래했던 것이다.

우선 정변 이후 청국이 한국의 내·외정을 발빠르게 장악하자 일본 외상 이노우에는 1884년 12월 30일, 1,500명의 병력을 이끌 고 제물포에 상륙, 서울로 진입했다(1885년 1월 3일). 한국 땅에 자국 군대를 주둔시키지 않고서는 청국을 견제하기가 불가능하다고 판 단했기 때문이다.

이에 이노우에는 정변으로 강화된 청국 세력을 견제하기 위해

---

4) 최문형, 《러시아의 남하와 일본의 한국 침략》(지식산업사, 2007), 188쪽.

한국 문제는 우선 자기가 맡아 처리하기로 했다. 이것이 1885년 1월 9일의 한성조약이다. 그리고 '조러밀약'설로 말미암은 러시아의 새로운 위협에 대응하기 위해 청국과 공동 전선을 구축하는 문제는 따로 분리하여 이토가 이홍장(李鴻章)을 상대로 천진회담을 통해 처리하기로 했다.

이 상황에서 청·일은 우선 한국 문제 때문에 충돌하는 사태부터 막아야만 했던 것이다. 이 때문에 이루어진 양국의 합의가 바로 한국으로부터 철군 절차 및 새로운 파병 조건의 결정이었다. 그런데 앞에서 언급한 바도 있거니와, 한국사 전공자들 상당수는 러시아라는 새로운 변수를 간과함으로써 한성조약과 천진조약의 목적을 혼동하고 있는 것이다.

(8)　정변 직후의 한국의 처지는 청국의 횡포도 견디기 어려웠지만 일본의 야욕도 마찬가지로 큰 고통이었다. 여기서 러시아에 의존하려는 한국의 필요는 5개월 전의 조러조약 체결 때보다 훨씬 더 절실해졌던 것이다. 그리고 이 같은 한국의 어려운 처지가 거꾸로 러시아에게는 한반도 진출의 호기가 되었던 것이다.

앞에서 말했던 것처럼, 한국과 러시아 사이에 '밀약'설이 나돈 것은 바로 이런 상황에서 일어난 일이었다(1884년 12월~1885년 1월). 물론 러시아 자료에는 부동항이나 '한국 독립 보호' 등에 대한 구체적인 기록이 없다고 한다.[5] 그렇지만 묄렌도르프의 거동을 둘러싼 소문과 여러 정황은 동아시아에서 러시아에 대한 불안감을 고

조시키기에 충분했던 것이다

(9)　한국이 러시아에게 해군 기지를 제공한다는 소문 자체가, 사
실 여부와 관계없이, 영·일 두 나라는 물론 청국에게 큰 충격이 아
닐 수 없었다. 이 충격이 영국으로 하여금 거문도 점령을 강행케
했고(1885년 4월 15일), 일본과 청국의 불안감을 고조시켜 이들에게
조속한 이견(異見) 조정을 서둘게 했던 것이다. 이것이 같은 해 4월
18일 조인된 천진조약이었다.

　천진조약 체결의 직접 원인이, 일본이 한국에 대한 "침략의 발
판을 잃지 않기 위해서"였다는 기술(금성, 69쪽)은 사실과 다르다.
그리고 러시아에 대한 이 같은 불안감은 다시 청국으로 하여금 보
정부(保定府)에 유폐한 대원군을 석방, 귀국시키게 한 원인이기도
했다(1885년 7월 6일).

　이홍장의 대원군 석방 결정에 일본 외상 이노우에 가오루의 제
안이 크게 한몫했다는 사실로도 알 수 있는 일이다. 청국과 일본
은 다 같이 러시아의 한국 기지 점취를 두려워 했고, 그럼으로써
친러적인 민씨 정권 견제가 청·일 양국에게 다 같이 절실했기 때
문이다. 러시아의 위협이 이 같은 파장을 일으켰던 것이다.

(10)　따라서 그들은 친러적인 민씨 정권 견제가 필요했다. 이홍장

5)　A. Malozemoff, *Russian Far Eastern Policy, 1881~1904*(Berkeley, 1958), 30쪽.

의 원세개 파한(派韓)이 러시아의 베베르를 감시하기 위한 조치였다면, 그의 대원군 석방은 친러적인 민씨 정권을 견제하기 위한 조치였다. 모두가 '밀약'설이 파생시킨 공러(恐露)의 여파였다.

그럼에도 우리의 교과서와 개설서는 이처럼 공러의식에서 비롯된 여러 사건, 즉 거문도 사건, 천진조약, 대원군 석방 등을 마치 공러의식과 무관한 것처럼 그리고 서로 관련이 없는 별개의 사건인 것처럼 기술하고 있다. 그러나 이 모두는 철두철미 같은 원인으로 말미암은 사건들이었다.

(11) 이 과정에서 이득을 챙긴 나라는 물론 청국이었다. 천진회담에서 의당 이토가 제기했어야 했던 청국의 대한(對韓) 종주권 문제를 이홍장이 영국의 지원을 받아 거론조차 할 수 없도록 봉쇄했기 때문이다. 일부 학자들은 일본이 청국과 동등한 파병권을 얻게 되었다는 사실을 들어 천진조약을 일본 외교의 승리라고 말한다.

그러나 이는 사실과 다르다. 한국 정황이 이미 크게 바뀌어 친일적인 개화파가 모조리 거세된 이상, 청국으로서는 자기들의 종주권 행사를 지속하기 위해 한국에 군대를 더 이상 주둔시킬 필요조차 없어졌기 때문이었다.

이홍장이 청·일 양국 군의 동시 철병에 동의한 것도 한국의 정황 변화에 따라 철병하더라도 청국에 전혀 불리할 것이 없다는 주청 영국공사 오코너(Nicolas-Roderick O'Coner)의 조언을 받은 뒤의 일이었다. 천진조약 성립 후에 한국에 대한 청국의 영향력이 그

이전보다 오히려 훨씬 더 강화된 사실로도 알 수 있는 일이다.[6]

⑿ 청국은 영국으로부터 거문도 철군 외교를 위임받음으로써 러시아의 대한 야욕마저 진정시켰다. 이 결과 한국에서 청국의 지위는 재차 크게 강화된 것이다.[7] 원세개가 마치 조선총독처럼 위세를 부리며 이른바 '제2차 밀약사건'(1886년 8월)을 조작, 한국 병합까지 시도했던 것도 이런 시대 배경에서 비롯된 일이었다.[8]

그러나 청국은 러시아로부터 한국의 어떠한 땅도 점령하지 않겠다는 확약을 받은 대신, 한국을 병합하지 않겠다는 약속을 했다. 이것은 청국의 대한 종주권의 내용 및 한계의 설정이었다. 즉, '리―라디젠스키 구두협약'(1886년 10월)의 내용이 바로 이것이었다. 이홍장이 원세개의 한국 병합 야욕을 중지시킨 연유도 바로 여기에 있었다. 그리고 영국은 이 과정을 통해 아무런 수고도 없이 러시아의 야욕을 견제할 수 있게 되었던 것이다.

---

6) F. C. Jones, *Forein Diplomay in Korea, 1866~1894*(Unpublished Ph.D. dissertation, University of Harvard, 1935), 442~445쪽 ; 최문형, 《한국을 둘러싼 제국주의 열강의 각축》(지식산업사, 2001), 66~68쪽.

7) F. C. Jones, 같은 책, 445~446쪽 ; 최문형, 《러시아의 남하와 일본의 한국 침략》, 207쪽.

8) 최문형, 〈열강의 대한정책과 한말의 정황―1884년~1904년의 미·영·러의 태도를 중심으로〉, 《청일전쟁을 전후한 한국과 열강》(한국정신문화연구원, 1984).

3. 정변 후 일본의 전쟁 준비

(1) 한국에 대한 일본의 야욕은 러시아의 그것과는 크게 달랐다. 러시아는 다른 열강이 한국을 독점 지배하지 못하도록 견제하려는 것이었을 뿐, 아직은 한국의 독립을 침해하려고까지는 하지 않았다. 이것은 청국의 한국 지배에 강한 저항감을 갖고 있던 일본의 경우와는 침략의 강도에서 큰 차이가 있었다.

실제로 일본은 이후 대청 전쟁에 대비하여 군비 증강에 총력을 기울였다. 일본의 군비는 1889년을 기해 청국에 전쟁을 도발할 수 있을 만큼 증강되었다. 물론 아직 완벽하다고까지는 할 수 없었지만, 육·해군 모두 이전과는 비교도 안 될 만큼 크게 증강된 것이 사실이었다.[9]

(2) 그러나 일본 군부의 관심은 당장의 개전 상대국인 청국의 동향보다 러시아의 그것에 더 집중되어 있었다. 더욱이 1887년 이후 시베리아철도의 착공 움직임이 활기를 띠게 되자, 일본의 반(反)러시아 세력은 현격하게 뿌리를 내렸다.

1889년 1월에 발표된 야마가타 아리토모(山縣有朋)의 〈대정부군사의견서(對政府軍事意見書)〉도 러시아의 시베리아철도 건설이 한참 논의되던 1887년에 기초되어 1888년 1월에 정부에 제출된 것

---

9) A. Malozemoff, 앞의 책, 34~35쪽.

으로 알려져 있다.[10] 이는 "시베리아철도의 준공일이 바로 러시아가 한국 침략을 시작하는 날이 될 것"이라는 경고이기도 했다.[11]

이 단계에서 일본은 사태가 이미 청국과 대결만이 전부가 아니라는 사실을 간파하고 있었다. 대륙 진출을 위해서는 러시아와 최종 대결이 불가피하다는 점을 알고 있었던 것이다. 그리하여 러시아를 겨냥한 일본의 군비 확장은 마침내 제2차 이토 내각(1892년 8월~1896년 9월)에 이르러 공식적인 정책으로 정착되었던 것이다.

(3) 이런 정황에서 일본이 일으킨 한·일 사이의 분쟁이 바로 방곡령 사건(防穀令 事件, 1892~1893년)이다. 그리고 이 사건을 이용, 일본은 사태를 청일전쟁으로 몰고 가려 했다. 러시아와 결전에 앞서 먼저 청국부터 굴복시켜야 한다는 현실적 계산때문이었다.[12]

방곡령 사건은 일본 상인들의 곡물 매점 행위에 대응하여 함경도와 황해도의 지방관이 1889년 흉년을 구실로 곡물의 대일 수출을 금지하자 원산주재 일본영사(久水三郎)가 이에 항의함으로써 발단되었다. 이 조치를 취하려면 한일통상장정 제37관에 따라 시행 1개월 전에 상대방에게 통고해야 하는데, 한국이 이를 어겼기

---

10) 安岡昭南, 〈1880年代の朝鮮をめぐる日露關係〉, 日本國際政治學會 編, 《日露·日蘇關係の展開》(1965).
11) 管原崇光, 〈日淸戰爭直前に於けるロシア極東政策の基調 – 朝鮮問題を中心として〉, 《西洋史硏究》, 第9號(1966), 29~30쪽.
12) 최문형, 《한국을 둘러싼 제국주의 열강의 각축》, 86~87쪽.

때문에 함경도 거주 일본 상인들이 큰 손해를 입었다는 것이 그 구실이었다.

요컨대, 손해를 배상하라는 것이 그 내용이었다. 그럼에도 이 단순한 문제 처리를 위해 일본 정부는 우익 강경파의 거두 오오이시 마사미(大石正巳)를 특별히 주한 공사로 부임시켜(1892년 12월 16일~1893년 7월 26일), 사태를 한껏 강경으로 몰고 갔다. 동시에 군부의 대청 주전파 가와카미(川上) 참모차장까지 서울로 파견, 군사시위를 벌여 분위기를 한껏 전쟁으로 몰고 갔다.

(4) 이는 대청 전쟁을 도발하기 위한 일본의 선수 조치였다. 위협을 느낀 이홍장이 원세개를 시켜 조속히 조정에 나선 연유도 바로 여기에 있었다. 이에 한국 측도 동학의 봉기 징후도 있어 결국 11만 엔을 배상하기로 하고 그 조정을 받아들였다.

따라서 이 결정은 외형상으로는 한국의 굴복으로 보이지만, 실은 청국이 약세를 드러낸 사건이었다. 이후 일본이 더욱 노골적으로 대청 전쟁 도발에 박차를 가하게 되었고, 사태를 일본이 주도하게 된 사실로도 이를 알 수 있다.

그럼에도 금성 교과서는 방곡령 사건의 원인을 설명한 뒤, "지역 간 원활한 곡물 이동과 일본의 압력을 고려하여 방곡령을 철회하였다"고 함으로써 사건의 본질을 흐려놓고 있다(금성, 108쪽). 이 사건이 한국과 일본의 분쟁이었을 뿐, 일본의 청일전쟁 도발과는 아무 관련이 없는 것 같은 함의가 담겨 있는 것이다.

이와 달리 대안 측은 "일본군은… 군사력을 동원한 최후통첩을 발하였다. 조선왕조는 일본의 압력에 굴복하였다"고 했다. 그리고 이어서 "이때부터 일본은 공공연히 청과의 전쟁을 부추기면서 개전(開戰)의 기회를 노렸다"는 기술로 그치고 있다(대안, 46쪽). 여기까지는 아무런 문제가 없는 것처럼 보이지만, 핵심은 이홍장이 조정에 나선 이유에 있는데 바로 이에 대한 언급이 없다.

(5) 이 밖에도 1885년에서 청일전쟁 발발에 이르는 약 10년 동안에 관한 언급이 거의 없다는 점도 눈에 띈다. 이 기간은 한국에 대한 청국의 영향력이 가장 심각했던 시기였음에도 이에 대한 기술이 거의 없다. 오로지 앞에서 말한 방곡령 사건 기술이 사실상 전부인 셈이다. 교과서뿐만 아니라 일반 한국사 개설서도 거의 비슷하다.

4. 거문도 사건과 그 전후의 국제 정황

(1) 영국의 거문도 점령은 사건 자체보다 이로 말미암은 여파에 더 큰 의미가 있다. 그럼에도 금성 교과서의 설명은 이 사건으로 "이제 한반도는 열강들의 대립으로 국제 분쟁에 휩쓸릴 위험성이 커져 갔다"는 것이 전부다(금성, 69쪽).

그러나 앞에서 말한 바도 있거니와, 당시의 우리나라는 국제 분쟁에 휩쓸릴 위험성이 커진 것이 아니라 이미 그 한가운데 빠진 상태였다. 그리고 대안 교과서도 "임오군란에 이어 이 사건은 1880년대의 조선왕조가 청의 강력한 후견하에 있음을 국제사회에 드러냈다"고만 기술하고 있다(대안, 36쪽).

두 교과서는 우리가 어떻게 이미 국제 분쟁의 소용돌이에 빠지게 되었는지, 그리고 어떻게 이 사건으로 한국이 청의 강력한 후견 하에 있음을 드러내게 되었는지에 대한 설명이 없다. 따라서 앞뒤가 연결되지 않는다.

거문도 사건으로 가장 심각한 충격을 받은 나라는 러시아였다. 영국의 거문도 점령이 바로 한반도에서 러시아의 부동항 획득을 막기 위한 대처였기 때문이다. 따라서 그 충격은 우리나라에도 심각한 영향을 미쳤지만, 영·러의 새로운 침략 대상이 된 동아시아 정황에도 큰 영향을 미치게 되었던 것이다.

(2) 거문도 사건은 한국 땅에서 영·러 대결을 본격화하게 만든 결정적 계기였다. 모두 알고 있는 바와 같이, 러시아의 한반도 침략에 대한 공포감은 일찍부터 영·미 등 열강에 의해 조장되고 고취되었다. '공러의식'은 조미·조영 수교 교섭을 시작할 무렵부터 한국 설득용으로 이용된 단골 메뉴였다.

러시아가 영흥만이나 부산으로 진출하게 될 경우 '태평양의 대해군국'이 되어 자기들의 활동에 제약을 가하게 될 것이라는 우려 때문이었다. 그러나 이 같은 공러감은 아직까지는 실체가 없는 막연한 가상에 지나지 않았다.

그렇지만 '한러밀약'이라는 민씨 정부의 대러 접근 소문은 영국과 청국 그리고 일본에게는 심각한 위협이 아닐 수 없었다. 이는 한국 땅에서 세계적인 규모로 영·러 사이의 대결이 현실화한 사건이었기 때문이다. 거문도 사건은 결코 소홀하게 평가할 사소한 사건이 아니었다.

(3) '한러밀약'설로 러시아의 위협이 현실로 드러나자 대러 공동전선에 영국이 앞장섰고, 청국과 일본이 그 뒤를 따랐다. 그러나 청국이 영국으로부터 거문도 철군을 위한 대러 외교 교섭권을 위임받아 이를 기화로 그들의 대한 종주권을 크게 강화하자 정황은 곧바로 크게 일변되었다.

여기서 러시아는 이제 한국의 독립에 직접 위해(危害)를 가할 나라는 일본이 아니라 청국이라고 판단하게 된 것이다. 즉, 러시아는 영국의 지원으로 크게 우세해진 청국이 바로 자기들이 대적해야 할 적국이라고 판단하게 되었던 것이다.

"한국에서 러시아와 일본의 이해가 같아졌음을 고려하여… 필요하다면 일본의 도움을 받아 우리의 뜻을 이루어야 한다"(코르프–지노비예프 회담, 1888년 5월 8일)[13]는 러시아의 대한 정책도 바로 이런 정황 인식에서 비롯된 오판(誤判)이었다.

---

13) 같은 책, 216쪽.

그러나 러시아가 이처럼 일본이 한국에서 진실로 자국과 이해를 같이한다고 믿었다면, 이는 그야말로 "그들 외교 실무진의 놀랄 만한 정보 부족과 오해에서 비롯된 결과"가 아닐 수 없다.[14] 한반도를 둘러싸고 러·일 양국이 협력한다는 것은 러시아의 몽상(夢想)이었다.

일본으로서는 러시아와 협력은 당초 상상도 해본 일이 없었다. 러시아가 한국 지배의 야욕을 버리지 않는 한, 그리고 일본이 같은 야욕을 그대로 가지고 있는 한, 두 나라의 진정한 협력은 당초 생각조차 할 수 없는 일이었다. 이 사실은 한반도에서 영·러 해군이 충돌할 사태를 감안하여 1888년 1월 일본 정부에 제출한 〈야마가타 아리토모 의견서〉에도 잘 나타나 있다.

(4) 러·일은 자기들의 한국 침략에 앞서 방해가 될 청국을 먼저 제거해야 한다는 점에 한하여 이해가 같을 뿐이었다. 내면적인 이해까지 같을 수는 결코 없었다. 러시아는 한국이 청국에 예속되어 가는 사태만은 절대로 용납하지 않았다. 다만 한국이 정치적으로 독립을 유지하기만 한다면 그들로서는 당장 문제될 것은 없었다.

러시아에게 한국은 자기들의 침략 대상에서 제외해서는 안 될 만큼 중요한 나라가 아니었기 때문이다. 한국을 획득하기 위해 청

---

14) David Crist, *The Rise of Russia in Asia*(New Haven : Yale University Press, 1949), 30쪽.

국과 대결을 무릅써야 할 만큼 그 경제적·정치적 가치가 그리 높은 것도 아니었다.

다만 이 나라가 만일 어느 특정 강국의 지배 아래 들어가게 된다면 그 강국이 한국을 '러시아에 대한 적대의 도구로 이용할 가능성이 있다'는 점만이 싫었던 것이다. 여기서 러시아는 한반도를 침략의 발판으로 이용할 나라로 청·일 가운데서 청국에 의심을 품었던 것이다.

청이 영국으로부터 거문도 철군 외교를 맡아 크게 우세해졌기 때문에 더욱 그렇게 생각했다. 물론 그렇다고 해서 러시아가 즉각 반청 세력 지원에 나설 수는 없었다. 한국에 노골적으로 야심을 드러낼 수도 없었다.

만일 그럴 경우에는 청국과 관계가 악화될 뿐만 아니라 세계 최강의 해군국인 영국을 자극하게 됨으로써 영·청의 반러 제휴를 촉진하게 될 가능성이 있었기 때문이다. 이런 관계로 대청 견제 역할은 자연히 러시아가 아니라 일본이 맡게 될 확률이 커져갔던 것이다.

(5) 영국의 거문도 점령으로 가장 큰 충격을 받은 나라는 러시아였다. 자국 해군의 전략적 약점이 극명하게 드러남으로써 그들의 동아시아령(領) 방위 정책에 대한 전면 수정이 불가피해졌기 때문이다. 즉, 해군력에 의존해오던 동아시아령 방위를 육군력 의존으로 바꿀 수밖에 없게 되었고, 그럼으로써 시베리아철도 건설 문제

가 시급한 현안이 될 수밖에 없었기 때문이다.

당시 철도 건설은 엄청난 난관이 부수되는 문제였다. 러시아 중심부에서 블라디보스토크에 이르는 약 9,300킬로미터의 장거리 철도 건설은 당시로서는 사실상 몽상과도 같은 일이었다. 러시아로서는 우선 재정적으로도 감당할 능력이 없었거니와, 기술적으로도 거의 불가능한 일이었기 때문이다. 철도 건설 문제에 관한 한 재상 비슈네그라드스키(I. A. Vyshnegradsky)가 논의조차 거부할 정도였다.[15]

그러나 그의 반대는 결국 설 자리를 잃고 말았다. 1889년 재무성 철도국장으로 관계(官界)에 등장한 비테(Sergey Yulyevich Witte)가 시베리아철도 건설을 논의하기 위한 각료회의를 마침내 착공으로 바꾸어놓았던 것이다(1891년 2월 24일).

그리하여 황제의 포고 형식으로 착공을 공포함으로써(1891년 3월 29일), 때마침 동아시아를 여행 중이던 황태자(후의 니콜라이 2세)가 참석한 가운데 마침내 1891년 5월 31일 블라디보스토크에서 기공식을 거행했던 것이다.[16]

(6) 따라서 러시아는 동아시아 방위 정책을 해군 의존에서 육군 의존으로 바꾸고 시베리아철도 착공을 결정한 이상, 외교 정책마

---

15) 최문형, 《러시아의 남하와 일본의 한국 침략》, 211~212쪽.
16) 같은 책, 210~214쪽.

저 수정이 불가피해졌던 것이다. 자국의 명예가 지켜지는 한, 철도가 완공될 때까지는 한국의 영토 보전을 꾀하면서 가능한 한 청국과 마찰을 피한다는 것이 그 내용이었다.

영국의 지원을 받는 청국의 위협에 대응하여 일본을 이용하려는 것이 바로 그들의 아시아 정책이었다. 그러나 형세는 러시아가 일본을 이용하기는커녕, 거꾸로 일본이 러시아를 역이용하는 꼴로 바뀌고 말았다. 즉, 일본은 러시아의 계획에 마치 발걸음이라도 맞추려는 듯한 자세를 보였고, 특히 천진조약 체결 이후에는 한반도에 대한 관심을 포기한 듯한 제스처까지 보였다.

"우리는 청국과의 관계 개선을 위해, 그리고 청국이 대한 종주권을 극력 주장함을 감안하여 한국에 대한 모든 권리를 방기했다"는 것이 일본의 자세였다. 수상 이토도 "국내 개혁에 여념이 없어 한반도에서는 평화와 정은(靜隱)을 바란다"고도 했다.[17]

(7) 이 표현은 일본 정부 당국이 한반도에서 청국의 우위를 명확하게 인식하고 있었다는 뜻이다. 물론 그렇다고 해서 일본이 한반도에서 청국의 우위를 승인한다는 뜻은 결코 아니었다. 청국의 한국 지배를 용인한다는 이야기는 더더욱 아니었다. 다만 시대 상황에 맞도록 소극적인 대응으로 자세를 낮추었다는 뜻이다.

실상 강화도조약 이후 계속 무관세 혜택을 누리며 굳건한 경제

---

17) 같은 책, 222쪽.

적 기반을 구축한 일본은 한국 땅에서 어느 누구에게도 권익 포기를 강요당할 처지가 아니었다. 그럼에도 그들은 청국의 위세에 눌려 스스로 한국을 포기하는 것처럼 가장했던 것이다.

이는 청국을 안심시키는 한편, 러시아에게는 일본의 한국 포기가 청국에게 한국 병합의 길을 열어주게 될 가능성이 있음을 우려하도록 만들려는 제스처였다. 일본은 이홍장에게 러시아 남침이라는 위기의식을 불러일으켜 이들 러·청 양국이 서로 대결하도록 은근히 유도했던 것이다.

이처럼 일본과 러시아는 다 같이 청국의 한반도 병합 야욕에 대한 견제 역할을 서로 상대가 맡아주기를 바랐다. 대청 견제의 수고를 서로 상대에게 전가하려 획책했던 것이다. 이러는 가운데 두 나라의 대청 견제력은 자연히 약해질 수밖에 없어졌던 것이다.

(8) 반면 청국의 우위는 영국의 지원과 미국의 묵과로 더욱 굳어져갔다. 그리고 아시아 정황도 '한러밀약'설로 말미암은 청·일의 외형적 협력에서 청국의 우위에 따른 러·일 협력으로 바뀌어가는 것 같았다. 그러나 앞에서 말한 바 있거니와, 러·일 협력은 어디까지나 러시아의 몽상에 지나지 않았다.

한반도라는 먹이를 눈앞에 놓고 이를 저마다 탐내는 상황에서 청·일이나 러·일이 협력한다는 것은 당초 불가능한 일이었다. 더욱이 한국 문제를 가지고 일본이 러시아와 협력한다는 것은 상상도 할 수 없는 일이었다. 두 교과서는 다 같이 한국을 둘러싼 이런 절박한 정황에 대해서는 간단한 서술마저도 없다.

5. 동학 농민 봉기 (1)

(1) 금성 교과서의 가장 심각한 편제상의 불균형은 바로 동학 농민 봉기에 있다고 하겠다. 교과서라기보다는 '민중 항쟁사' 같은 느낌이 들 정도다. 그 일차적 책임은 물론 집필자들에게 있지만, 집필 지침을 만든 쪽에도 책임이 없다고는 할 수 없다.

모든 현행 교과서의 편제가 거의 획일적이지만 금성 교과서의 경우가 좀더 심할 뿐이다. '동학 농민 운동' 기간 2~3년을 기술하는 데 무려 10페이지(삽화 포함)를 할애하고 있다.[18] 따라서 이 밖의 사실들은 상대적으로 소략해질 수밖에 없으며, 심지어는 통째로 외면하거나 묵살한 것까지 있다.

(2) 먼저 논란이 많은 동학 봉기의 성격을 둘러싼 문제부터 생각해보기로 한다. 금성 교과서는 농민 봉기를 사회 개혁을 지향한, 말하자면 국가 체제의 급진적 변혁을 지향한 '농민 혁명', '농민 전쟁'으로 묘사하고 있다.

---

18) 금성 교과서에 견주어 대한교과서는 4페이지, 천재교육과 두산은 6페이지, 그리고 중앙교육진흥연구소는 8페이지를 각각 배분하고 있다.

　　이와 달리 대안 교과서는 유영익의 견해에 따라, 현행 교과서가 근거로 이용한 12개조의 폐정개혁안(弊政改革案)은 아마추어 역사가 오지영(吳知泳)의 《역사소설 동학사》에 실려 있는 일종의 야사(野史)일 뿐, 일차 사료로 인정할 수는 없다고 하고 있다(대안, 44쪽).

(3)　　이 문제와 관련해 일본인 학자 가지무라(梶村秀樹)도 "역사 논문을 쓸 경우, 이 '폐정개혁 요구 항목'의 기술을 그대로 사실로 인용한다면 이는 문제가 될 것"이라고 말하고 있다. 한편 "제목은 '역사소설 동학사'라고 기록되어 있지만 내용은 어떻게 보더라도 흔히 말하는 소설이 아닌 것 같다"는 견해를 내세우고 있다.[19]

　　"아마도 조선 민중의 역사를 사실대로 기록해서 가르치는 것 자체가 독립심으로 연결될 것으로 우려하고 있던 일본 통치자들의 눈을 피하기 위해 출판사가 소설로 포장한 것이 아닐까?", "오지영 자신의 기억도 애매하고 사실과 합치하지 않는 점도 없다고는 할 수 없어서 — 실제로 오기(誤記)도 있기 때문에 — 겸손의 의미로 소설이라고 하지 않았을까?" 하는 것이 가지무라의 추측이다.[20]

　　가지무라는 "역사소설이라는 제목이 붙어 있기 때문에 이 책의 모든 부분이 픽션이라고 간주하여 사료적으로는 가치가 없다고 하는 경우도 있지만 나는 그렇게만은 생각하지 않는다"고 주장한

---

19) 梶村秀樹, 앞의 책, 112쪽.
20) 같은 책, 같은 쪽.

다. "오지영의 주관(主觀)에 반영된 한도 내에서 민중운동·민중감
각의 진실이 읽혀진다"는 이야기다.[21] 이상은 한국사 전공자라면
이미 널리 알려진 사실이다.

(4) 가지무라도 《역사소설 동학사》의 한계성만은 분명히 인정
하고 있다. 민족운동·민중의식의 사회·정치적 전개라는 분야에는
거의 미치지 못한 점이 유감이라고 말하고도 있다. 이런 의미에서
오지영이 교단의 비정치화, 순 종교화를 지향하는 부류의 인간에
속한다는 것이 그의 결론이다.[22]

 저자도 가지무라의 주장처럼 오지영의 '소설'에는 문자만으로
는 전달될 수 없는 신선한 이미지가 담겨 있다는 점에 수긍한다.
그의 표현대로 "역사의 표면을 훑어보는 것만으로는 놓칠 수도 있
는 민중운동의 내면을 비추어주고 있기 때문"이다.[23]

(5) 그러나 저자도 12개조 폐정개혁안이 모두 진실이라고는 생
각하지 않는다. 이것은 검증도 되지 않은 상태 그대로이기 때문이
다. 물론 한국사 전공자들도 이의 사료적 가치에 문제가 있다는
사실은 당연히 알고 있을 것이다.

 그래서 "1894년의 농민 운동을 '전쟁'이니 '혁명'이니 하고 일컫

---

21) 같은 책, 112~113쪽.
22) 같은 책, 121쪽.
23) 같은 책, 117쪽.

는 것은 단순히 '폐정개혁안'의 내용만을 가지고 판단한 것이 아니"라는 주장을 한다. "운동의 전개 과정에서 요구되는 농민 또는 지도부가 지향했던 목적에 대한 많은 자료를 토대로 한 성격 규정"이라는 주장이다.

그렇다면 금성 교과서가 이 폐정개혁안이 움직일 수 없는 역사적 진실인 양 교과서에 이를 통째로 게재하고, 또 학생들에게 "폐정 개혁안을 통해 당시의 사회를 추론"해보자는 과제까지 제시한 것(금성, 81쪽)을 과연 어떻게 보아야 할까?

검증도 되지 않은 사실을 근거로 당시 사회를 머릿속에 그려본다면 결국 허상을 그릴 수밖에 없게 된다. 역사 교과서는 진실을 가르치고 배우는 교재다. 저자는 유럽 경제사를 공부한 경험에서 다음과 같이 조심스럽게 의견을 제시해본다.

동학 농민 운동은 어떤 이유로든 끝내 성공하지 못한 것이 사실이다. 사회 개혁을 지향했다고 할지라도 그뒤 아무런 변혁이 없었던 것 또한 사실이다. 이로 미루어 '혁명'이라고 하는 것은 적절치 않은 것 같다는 것이 저자의 생각이다. 한국은 유럽과 다르다고 한다면 이야기는 달라질 것이다.

6. 동학 농민 봉기 (2)

(1)   대안 교과서의 경우 "동학농민봉기는 개항 이전부터 이어져

온 민란의 정점이었으며, 갑오경장과 청일전쟁의 기폭제이자 항일 민족운동의 선구를 이루었다"(대안, 45쪽)고 결론을 맺고 있다. 그렇지만 저자는 이 가운데 농민 봉기가 "청일전쟁의 기폭제"가 되었다는 표현에는 동의하지 않는다.

일본인들은 청일전쟁의 원인이 '동학란'에 있다며 그 책임을 한국 측에 전가하고 있다. 그렇지만 이는 사실이 아니다. 동학 농민 봉기가 없었다고 해도 청일전쟁은 반드시 일어나게 되어 있었다. 일본의 대륙 침략 야욕은 메이지유신 시기에 이미 싹튼 것으로, "일본 역사상 필연적으로 일어날 수밖에 없었다"는 것이 일본 학자들의 대표적인 견해다.

동학 농민 봉기는 일본이 전쟁을 일으키도록 한 기폭제가 아니라, 전쟁을 도발하기에 편리한 계기 내지는 구실로 이용되었을 뿐이다.

(2) 농민 봉기를 강조하느라 청일전쟁에 대한 기술이 거의 없는 것은 금성 교과서의 또 다른 문제점이라 할 수 있다. 동학 봉기를 설명하면서 "정부는 농민군과 화해한 뒤, 이를 내세워 청과 일본에게 철병을 요구하였다. 그러나 이 기회에 청군을 물리치고 조선에서 지위를 굳히기로 마음먹은 일본은 병력을 동원하여 경복궁을 점령하고, 이어 청·일 전쟁을 일으켜 조선 정계를 장악하였다"(금성, 82쪽)고 한 것이 전쟁에 관한 기술의 전부다.

농민 봉기에 대한 기술에 부수하여 청일전쟁은 두 줄 정도로 간략하게 기술하고 있다. 이것은 농민 봉기에 대한 언급이지, 청일전쟁에 대한 기술이라고는 하기 어렵다. 러일전쟁에 대한 기술도 이와 거의 마찬가지다. "일본이 러·일 전쟁에서 승리하면서 대한제국 정부의 개혁은 중단되고 일본의 식민지화 작업이 본격화되었다"(금성, 76쪽)는 서술이 바로 그 것이다.

(3) 우리의 운명에 결정적으로 영향을 미친 이 두 전쟁을 농민 봉기 속에 넣어, 그리고 대한제국의 개혁에 넣어 마치 별 것이 아닌 양 한두 줄로 가볍게 서술하고 있다. 이는 두 전쟁을 외면한 것과 사실상 다름이 없다는 것이 저자의 견해다.

그리고 지엽적인 문제지만 "정부는… 군대 철병을 요구하였다", "마음먹은", "조선 정계를 장악하였다"는 등의 표현도 적절해 보이지 않는다. 철병했다면 군대를 철군했다는 뜻이니 '군대'라는 단어를 구태여 넣을 필요가 없다. 일본이 지위를 굳히기로 결정한 것은 대군을 파한한 이후가 아니라 이전이다. 이후에는 이미 한국의 정계를 장악한 정도가 아니었다. 그들은 우리의 전 국토를 유린하고 있었다.

(4) 모두 아는 바와 같이, 청일전쟁은 한국을 차지하기 위한 청·일의 대결이었다. 러일전쟁의 경우도 마찬가지지만, 두 전쟁의 전쟁터가 모두 우리 한국 땅이었다. 농민 봉기를 강조하느라 이런 중대한 사건마저 외면할 수는 없는 일이다.

물론 청일전쟁과 러일전쟁이 우리 역사가 아니라고 강변할지
도 모른다. 실제로 저자는 "청국과 일본, 그리고 러시아와 일본이
싸웠는데 그것이 우리 역사와 무슨 상관이 있느냐"는 터무니없는
이야기를 들은 적도 있다.

제3장

한국을 둘러싼 청·일 및 러·일의 대결

1. 청·일 개전과 시베리아철도 착공

(1)   금성 교과서의 가장 큰 문제점은 청일전쟁과 러일전쟁에 대한 기술이 사실상 없는 점이라 할 수 있다. 물론 두 전쟁이 우리 역사에 속하지 않기 때문이라고 할지 모르지만, 이는 큰 착각이다. 이 전쟁의 목적이 한국을 침략하는 데 있었고, 그 결과가 한국의 독립 유지에 결정타가 된 점에서 한국사와는 결코 떼어낼 수 없는 중대한 사건이기 때문이다.

전쟁터가 한국 땅이고, 그것이 우리의 운명을 좌우한 점으로 미루어 불행한 일이기는 하지만, 이 전쟁은 분명히 한국사의 일부일 수밖에 없다. 그럼에도, 이 사실을 학생들에게 가르치고 싶지 않아서였는지는 몰라도, 금성 교과서는 이에 대한 기술이 사실상 없다고 할 수 있다.

이와 달리 대안 교과서는 청일전쟁의 경우, '청일전쟁의 배경'과 '청일전쟁의 진행' 그리고 '조공체제의 해체'라는 제목을 붙여 전자의 경우보다는 상세하게 기술하고 있다(대안, 45~47쪽). 청일전쟁의 발발 배경으로 "갑신정변에서 일본에 우호적이던 개화파가 정권을 장악하는 데 실패하자 일본은 청과의 전쟁이 불가피함을 인식"했다는 서술(대안, 45쪽)도 표면상 사실 관계의 오류는 없는 것으로 보인다.

(2)   그러나 그뒤 일본은 방곡령 사건을 기화로 "청과의 전쟁을

부추기면서 개전(開戰)의 기회를 노렸다"고 했다(대안, 46쪽). 문제는 방곡령 사건이 마치 전쟁 원인의 전부였던 것처럼 기술한 점이다. 방곡령 사건은 1889년의 일이었고, 전쟁은 1894년에 발발했다. 그렇다면 이 이후 5년 동안에 또 다른 원인이 얼마든지 일어날 수 있었다는 뜻이 된다. 물론 전쟁의 원인을 한마디로 정의하기는 어려운 일이다. 일부 일본 학자는 김옥균 암살이나 동학 농민 봉기를 전쟁의 원인으로 규정하기도 한다. 그러나 이 사건은 일본이 군사 행동으로 치닫게 한 구실이 될 수는 있었을지 모르지만, 그것이 바로 원인일 수는 없다.

(3)   전쟁의 원인을 한마디로 요약한다면, 메이지 일본의 대륙 침략 야욕에 있었다고 할 수밖에 없다. 대륙 침략을 위한 청사진이 이미 메이지유신기에 마련되었다면, 다양한 여러 원인론은 결국 부수적이거나 그들에게 개전을 가능케 한 구실에 지나지 않는다.

일본 학자들의 대표적 견해도 "청과의 전쟁은 일본 역사상 필연적으로 일어날 수밖에 없었고, 그것이 1894년이라는 특정 시기에 발발한 것은 개전할 수 있는 좋은 구실이 이때 비로소 나타났기 때문이었다"고 말하고들 있다.[1]

일본이 청과 벌일 전쟁에 대비하여 본격적으로 준비를 갖추기 시작한 것은 갑신정변을 기화로 그들의 세력이 한반도에서 청에

---

1) 山邊健太郎, 井上淸, 中塚明, 藤村道生 등의 견해가 모두 그러하다.

눌리게 된 1885년으로 잡는 것이 일반적이다. 당시는 이리분쟁 (1871~1881년)을 틈탄 일본의 대만(臺灣) 침공과 류큐(琉球) 침탈로 말미암아 청의 대일 감정도 이미 회복될 수 없을 정도로 악화된 상태였다.[2]

따라서 일본은 이에 대응, 전쟁 준비를 서둘러야 할 처지였다. 가와카미(川上)가 참모차장으로 취임한 1885년부터 일본은 치밀하게 기밀 수집에 박차를 가하며 이미 전쟁에 대비하여 본격적으로 준비를 갖추어나갔던 것이다.[3]

(4) 이와 달리 러시아에서는 거문도 사건 이후 일찍이 1886년부터 시베리아철도 건설을 계획하고 이를 추진하려는 분위기가 고조되고 있었다. 결국 재정난으로 착공은 미루어졌지만, 1889년 비테(Sergei Yulevich Witte)가 재무성 철도국장으로 임명되며 분위기가 일변되어 마침내 아무도 착공을 막을 수 없게 되어갔던 것이다.

따라서 철도 착공을 알리는 차르의 칙령이 발포되자, 일본은 러시아의 침략 방향이 동아시아로 확정된 것으로 판단함으로써 전쟁은 이제 피할 수 없다고 받아들였던 것이다.[4] 여기서 일본은 러

---

2) T. F. Tsiang, "Sino-Japanese Diplomatic Relations 1870~1894", *The Chinese Social and Political Science Review*, Vol. XVII, No. 1(April, 1933).

3) A. M. Pooley ed., *The Secret Memoirs of Count Tadasu Hayashi*(London, 1915), 307~317쪽 ; 梅溪昇, 〈日本側からみだ日淸戰爭－補論〉, 《歷史敎育》, 第10卷, 第2號(1962).

4) A. Malozemoff, *Russian Far Eastern Policy, 1881~1904*(Berkeley, 1958), 118쪽.

시아와의 전쟁 준비에 충분한 시간을 벌기 위하여 먼저 청과의 전쟁부터 서둘렀던 것이다.

즉, 일본은 러시아와의 전쟁을 효과적으로 치루기 위해 되도록 오랜 준비 기간이 필요했고, 그러기 위해서는 청과의 '오픈 게임'을 가능한 한 빨리 끝내두어야 할 필요가 있었다.[5] 비테는 "일본이 대청 전쟁을 도발한 것은 우리가 시베리아 횡단철도를 착공한 결과였다"고 회고한 바 있다.[6] 그리고 야마가타 아리토모도 이(철도 착공)에 대비하기 위하여 "일본은 하루 빨리 청과의 전쟁을 서둘러야 한다"고 주장한 사실이 있다.[7]

청일전쟁의 원인은 이처럼 러시아의 아시아 진출과 상호 밀접한 관련이 있었다. 그럼에도 우리 교과서는 청일전쟁의 원인을 논하면서 러시아와 관계는 전혀 언급하지 않고 있다. 교과서 필자뿐만 아니라 한국사학계 전부가 이 한계에서 벗어나지 못하고 있다.

(5) 전쟁의 결과에 대한 언급에서는 대안 교과서의 기술이 적절했다고 말할 수 있다. 그렇지만 그 뜻이 제대로 전달된 것 같지는 않다. "시모노세키(下關)강화조약은 한국이 '완전무결한 독립자주

---

5) 같은 책, 118쪽.

6) 같은 책, 118쪽 ; D. J. Dallin, *The Rise of Russia in Asia*(New Haven, Yale University Press, 1949), 36~37쪽.

7) 최문형, 《한국을 둘러싼 제국주의 열강의 각축》(지식산업사, 2001), 97~98쪽 ; 中村尙美, 〈19世紀末の極東情勢と日淸戰爭〉, 《歷史評論》, Vol. IV, No. 2.

국'임을 확인하고…"라고 한 뒤, "그렇지만, 한국의 '독립자주'는 청에 대해서만 의미를 가졌다"고 하고 있다(대안, 47쪽). 이는 구체적인 직설법적 설명이 아니기 때문에 초학자는 내용을 쉽게 이해할 수가 없다.

물론 내용을 이미 알고 있는 사람에게는 이 기술이 전혀 문제될 것이 없겠지만, 일반 독자에게는 이런 표현만으로는 얼른 이해하기가 어려울 수밖에 없는 것이다.

(6) 즉, 시모노세키조약에서 규정한 '한국의 독립자주'가 19년 전에 체결된 강화도조약의 '한국의 독립자주'와 어떻게 다른지를 분명하게 밝히지 못하고 있다는 이야기다. 교과서뿐만 아니라 우리 한국사 개설서들이 이 점에 관해서는 거의 같다고 할 수 있다. 어찌된 영문인지 모두가 한결같이 '청국'이라는 주어를 빼놓고 있는 것이다.

우리 한국사학계의 대표적인 학자들도 예외가 아니다. 이기백 교수도 "이 시모노세키조약에는 조선을 완전한 독립국가로 확인한다는 것이 제1조로 들어 있다. 그러나 이것이 조선의 실질적인 독립을 위한 것이 아니라 청의 종주권을 부정하기 위한 것임은 누누이 설명한 바로써 알 수 있다"[8]고 기술하고 있다. 시모노세키조약도 강화도조약의 경우와 마찬가지로 청의 종주권을 부정하기

---

8) 李基白,《韓國史新論》(一潮閣, 1990, 新修版), 375쪽.

위한 것이었다는 기술이다.

이광린 교수도 시모노세키조약 제1조가 "조선을 완전무결한 자주독립국임을 승인한 것"이라고만 기술하고 있다.[9] 그리고 한우근 교수도 "이 조약 제1조에 있어서도 당시 일본의 정략적 상투구절(常套句節)인 '조선의 자주독립국임'을 내세웠으나, 그것은 청의 조선에 대한 종주권을 거부하기 위한 것임에 다름없었다"고 설명하고 있다.[10]

즉, 한국사학자 거의 모두가 한결같이 이런 식으로 주어를 빼놓음으로써 시모노세키조약의 목적이 강화도조약의 그것과 마찬가지로 청국의 대한 종주권 거부에 있었던 것처럼 기술하고 있는 것이다. 요컨대, 강화도수호조약과 시모노세키조약의 차이를 밝히지 못하고 있다.

(7) 강화도조약의 경우는 "청·일은 조선이 완전 독립국임을 인정한다"고 했지만, 시모세키조약은 "청국은 조선국이 완전무결한 독립자주국임을 확인한다"로 되어 있다.[11] 즉, 청국만이 조선이 완전 독립국임을 승인한다는 것이고, 전승국인 자기들 일본은 승인하

---

9) 李光麟,《韓國史講座(近代篇)》(一潮閣, 1981), 357쪽.

10) 韓佑劤,《韓國通史》(乙酉文化社, 1971), 468쪽.

11) 日本外務省,《日本外交年表竝主要文書》, 上(1965), 165쪽. 따라서 조선의 독립자주를 해치게 될 청국에 대한 조선의 공헌전례(貢獻典禮) 등은 장래에 전적으로 폐지한다는 것이다.

지 않는다는 뜻이다. 이는 조선을 일본의 침략 대상으로 남겨둔다
는 의미가 함유된 표현이다.

강화회담에서 이홍장(李鴻章)이 "주어를 '청'이 아니라 '청·일'
로 바꾸자"고 주장했지만, 이토는 이를 단호히 일축했다. 그런데
기이하게도 우리 한국사학계는 모두가 '청'이라는 주어를 뺌으로
써 사실 관계를 혼동케 하고 있는 것이다.

2. 청·일 개전과 열강의 이해관계

(1) 일반적으로 조선왕조 붕괴의 계기는 러일전쟁에 있다고들
말한다. 그러나 그 계기는 이미 청일전쟁에 있었다고 할 수 있다.
청일전쟁으로 조선왕조를 지탱해주고 있던 청국이라는 기둥이 쓰
러졌기 때문이다. 즉, 갑오경장을 통해 한국의 전통적 기간 제도
를 폐지하고 일본식 제도를 도입, 한국에 대한 일본식 통치 기반
을 마련했던 것이다.

실로 청일전쟁은 전승국 일본을 제국주의 열강으로, 전패국 청
국을 반(半)식민지로, 그리고 한국을 식민지의 외길로 갈라놓았다
고도 할 수 있다. 즉, 한국이 식민지로 전락한 것은 청일전쟁이 그
계기였다는 것이다. 러일전쟁은 식민지의 길로 몰린 한국의 일본
귀속을 확정지은 데 지나지 않았다. 청일전쟁은 바로 이런 전쟁이
었다.

(2) 당시는 영·러·미를 비롯한 구미 열강도 이미 한국과 수교를 맺고 저마다 한국 땅에서 이권 경쟁을 벌이고 있었다. 때문에 한국 땅에서는 청·일 두 나라의 이해만 존재하는 것이 아니었다. 한국과 수교를 맺은 모든 열강의 이해관계도 함께 얽혀 있었다. 그러므로 전쟁에 대한 그들의 개입과 간섭도 함께 있게 마련이었다. 그 여파가 우리나라에 어김없이 파급되었다는 이야기다.

그런데 교과서뿐만 아니라 우리 한국사학계 전체가 이 부분에 대한 설명을 소홀히 하고 있는 것이다. 이미 언급한 바 있지만, 한국 땅에는 오로지 청·일 두 나라의 이해관계만이 대립하고 있었던 것처럼 잘못 인식하고들 있다. 청·일 개전에 대해서도 특히 러시아라는 중요 변수를 제외하고 있는 것이 그 대표적 사례다. 일본의 대청 개전과 러시아의 시베리아철도 착공은 결코 분리해서 생각할 수 없는 요인이다.

(3) 이 철도 착공으로 러시아의 진출 방향이 아시아로 확정되자 일본은 이것이 자국의 대륙 정책과 상충된다고 판단, 재빨리 대러 전쟁 준비를 서둘렀다. 그리고 이를 위해 그들은 먼저 청국이라는 후방의 위협부터 제거해야 한다고 판단했던 것이다. 일본의 처지에서 그들은 한국 침략을 위해서는 반드시 먼저 제거해야 할 적수였기 때문이다.

청일전쟁은 러시아와의 전쟁에 만전을 기하기 위해 반드시 필요한 선행 요건이기도 했다. '정식 경기'에 대비하여 치러야 할 '오픈 게임'과도 같은 것으로 비유할 수 있다. 이 전쟁의 원인을 방곡령 사건과 같은 것만으로 설명할 수 없음은 이미 자세히 다룬 바 있다.

일본은 일찍이 강화도수호조약 이래 대륙 침략을 위한 청사진을 이미 마련해놓은 상태였다. 다른 계기를 찾아 언젠가는 반드시 전쟁을 도발하게 되어 있었다.

(4) 야마가타는 1890년 3월 〈외교정략론(外交政略論)〉을 저술하여, 앞에서 언급한 것처럼 그의 〈군사의견서〉(1889년)와 함께 각료들에게 회람시켰다. 먼저 각료들의 의견부터 통일해야 했기 때문이다. 이 저술에서 그는 자기네 고유 영역을 말하는 주권선(主權線, 즉 일본 국토)의 방위를 위해서는 이익선(利益線)의 방호가 필요함을 역설했다.

이익선이란 바로 한국 땅을 일컫는 것으로, 이것이 적성국의 지배 아래 들어가게 되면 일본의 안전을 위협하게 될 것이기 때문에 그 방호가 필요하다는 주장이었다. "국가의 독립을 유지하려면 주권선 방어만으로는 부족하니 진취적으로 이익선을 방호해야 한다"는 것이며, "만일 이익선을 방호할 수 없다면 그 나라는 완전한 독립국가이기를 바랄 수 없다"는 요지였다.

(5) 따라서 한국의 독립은 자기들이 그 땅을 차자할 때까지는 무력을 사용해서라도 우선 지켜야 한다는 것이 야마가타의 논리였

다.[12] 그리고 영국보다 러시아가 자국의 이익선(한국)을 침해할 나라라는 것이 그의 판단이었다. 그러므로 러시아의 한반도 침략은 어떤 방법으로든 저지해야 한다는 것이 그의 견해였다. 일본의 주적(主敵)은 이제 더 이상 청국이 아니라 러시아라는 이야기였다.

그리고 그는 러시아의 시베리아철도 착공이야말로 자기의 신념이 정당함을 웅변해준다고도 생각했다. 따라서 일본은 이제 피할 수 없게 된 러시아와의 전쟁에 더 많은 준비 기간을 가져야 한다는 것이고, 그러기 위해서는 하루 빨리 대청 개전을 서둘러야 한다는 주장이었다.

(6) 그럼에도 일본은 곧바로 전쟁으로 돌입할 수 없었다. 그들에게는 영국과 러시아의 간섭이라는 또 다른 큰 장애가 기다리고 있었기 때문이다. 실제로 일본은 청군의 파한(派韓) 직후 즉각 압도적으로 우세한 병력을 한국에 보냄으로써 일찍이 6월 초순부터는 청국을 압도한 상태에 있었다.

청이 동학군 진압을 위해 아산만으로 파병한 것과 달리, 일본은 동학 봉기와 아무런 관계가 없는 인천항으로 침입, 서울로 곧바로 진입했다. 그렇지만 일본은 이후 약 50일 동안이나 전단을 열지 못했다. 청·일의 공동 철병을 주장하는 열강의 간섭이 없어질 때

---

12) 高橋秀直, 《日淸戰爭開戰過程の硏究》(新戶商科大學經濟硏究所, 1992), 32~34쪽.

까지 기다릴 수밖에 없었던 것이다.

(7)　일본의 전쟁 도발을 가장 앞장서서 막으려고 한 대표적 열강은 영국이었다. 영국은 러시아의 남하를 막는 방파제 역할을 청국뿐만 아니라 일본에게도 함께 맡기려 했기 때문이다. 따라서 영국은 이들 앞잡이들끼리의 싸움을 용납할 수가 없었다. 전쟁이 중국 땅에서 자기네 기득권을 침해하게 될 위험성이 있어 더욱 그럴 수밖에 없었다.

러시아도 청·일의 즉각 개전에는 반대했다. 자국의 남하 저지 역할을 맡게 될 이 두 나라 사이의 전쟁이 크게 보아 실제로는 불리할 것이 없었지만, 시베리아철도가 완공되기 전에 개전하는 사태는 우선 피해야 할 필요가 있었기 때문이다.

철도 완공 전에 전쟁이 벌어져 승자가 결정될 경우, 러시아로서는 그 승자와 자국의 대결이 앞당겨지게 될 사태가 걱정스러웠던 것이다. 따라서 당시의 시점에서 개전을 막아야 한다는 점에서는 러시아도 영국과 실제로 다를 것이 없었다.[13]

(8)　그러나 영국도 공동 개입을 주장할 뿐, 단독으로는 개전을 가로막고 나서지는 못했다. 아시아에서 일본 해군을 이용할 필요가

---

13) 최문형, 〈국제관계를 통해 본 청일개전의 동인(動因)과 과 경위〉,《역사학보》, 제99·100호 합집(1983).

절실했기 때문에 일본의 감정을 해칠 수가 없었다. 만일 영국이 일본의 개전을 단독으로 견제할 경우 러시아가 러·불 동맹의 해군력을 아시아로 끌어들이려 할 것이고, 그렇게 되면 영국으로서는 중국은 물론 인도의 해상권마저 침해당할 우려가 있었기 때문이었다.[14]

그러므로 열강 모두가 동참하지 않는 한 영국의 대일 간섭은 불발로 그칠 수밖에 없었다. 그리고 이렇게 영·러가 상호 견제하던 상황에서 러시아가 단독으로 개입한다는 것은 상상도 할 수 없는 일이었다. 그러므로 일본이 개전으로 돌입할 수 있는 길은 미국의 방침 여하에 달렸던 것이 당시의 정황이었다.[15]

(9) 미국주재 한국공사 이승수(李承壽)가 그레셤 국무장관을 세 번이나 찾아가서 개전을 막아달라고 호소한 것은 이런 상황에서 벌어진 일이었다. 그러나 미국은 '엄정하고도 공명한 중립(strict and impartial neutrality)'을 지킨다는 명분을 내세워 끝내 그의 호소를 거절했다(1894년 7월 9일).[16] 이것이 결과적으로 미국이 일본의 전쟁 도발을 방조한 꼴이 되고 만 것이다. '수동적인 방관자로 남겠다'

---

14) P. J. Berryman, *British Naval Policy and Sino-Japanese War 1894~1895*(Julian Corbett Essay, 1968).

15) 최문형, 앞의 글.

16) 최문형, 앞의 책, 116~120쪽 ; J. M. Dowart, "Walter Quintin Gresham and East Asia 1894~1895 : A Reappraisal", *Asia Forum*, 5(1973).

는 그들의 말과도 상반되는 결과를 빚은 것이다.

이미 한국에서 군사력의 균형이 깨져 일본군이 청군을 압도하게 된 상황에서 미국의 '엄정하고도 공명한 중립'이 무엇을 의미하는지는 더 이상 설명할 필요도 없는 일이다. 당시의 정황은 미국의 참여 없이는 어느 열강의 개입도 사실상 불가능하게 되어 있었다.

따라서 미국의 중립 선언은 일본에게는 개전을 묵허(黙許)하는 신호와도 같았던 것이다. 일본의 전쟁 도발은 이처럼 자신들의 행동을 제약하고 있던 국제 환경이 바뀜으로써 비로소 가능해졌다. 청일전쟁은 개전에서 종전까지 시종 구미 열강의 제약을 받으며 진행되었던 것이다. 그러나 청·일 개전을 보는 우리의 시각은 조금도 달라진 것이 없다.

3. 민왕후 시해 사건의 본질

(1) 민씨 정권의 외교 노선 급선회에 대한 금성 교과서의 설명은 "국내외 정세가 바뀌자 왕실은 러시아와 미국의 힘을 빌려 일본의 내정 간섭을 물리치려 하였다"는 것이 전부다(금성, 72쪽). 내외 정세가 어떻게 바뀌었기에 왕실이 일본의 내정 간섭을 배제하려 했는지에 대한 설명이 없다. 왕후 시해의 배경에 대한 기술도 불충분하기는 마찬가지다.

특히 금성 측의 '역사의 현장'이라는 박스 기사는 사실상 의미가 없는 것이다(금성, 72쪽). "을미사변을 일본인들이 일으켰다"는 사실을 모르는 사람은 없다. 그런데 이를 "다시 한번 확인시켜 주는 문서가 2001년 러시아 외무성 문서 보관소에서 발견되었다"며 그것이 마치 새로운 결정적 자료인 양 써놓았다. 사건의 본질은 '일본인'이 아니라 '일본 정부'의 사건 관여에 있는 것이다. 시해 현장의 세부 상황이 사건의 핵심이 아니다.

(2)　물론 시해 현장에 대한 기록이 불필요하다는 이야기는 아니다. 러시아 외무성 문서라는 것은 주한 공사 베베르의 보고를 전제한 것으로, 그것도 그가 시해 현장을 직접 목격한 내용이 아니다. 힐리어(영)와 앨런(미) 등 다른 주한 외교 사절과 함께, 같은 장소에서 당시 현장 부근에 있던 사람과 현장을 직접 목격한 궁녀로부터 들은 이야기일 뿐이다.

따라서 러시아 문서라는 것과 영국의 힐리어 문서 등은 내용이 같은 것이다. 러시아 문서가 문제 해결의 유일한 열쇠가 아니라는 요지다. 러시아인 건축기사 사바틴이 현장 부근에 있었던 것은 사실이지만, 그는 일본인 폭도들에게 구금당한 상태여서 사건 현장에는 접근도 하지 못했다.

(3)　그렇지만 베베르 공사가 이들의 사건 관련 증언을 들은 뒤, "왕이 폭도들에 의해 보호된다는 것이 정당한가"라며 다른 외교

관들과 합세하여 미우라를 몰아붙인 끝에 결국 '일본인'의 사건 관련까지는 밝혀놓은 것이 사실이다.

일본 당국도 처음에는 사건의 책임을 민왕후와 대원군의 갈등으로 몰아갔지만, 자기들의 시해 사실을 더 이상 숨길 수 없게 되자 시해 뒤 10일 만에(10월 17일) 미우라 이하 48명의 사건 관련자 전원을 히로시마 재판소로 구금 송치했다. 그러나 이것은 관련자들을 열강 외교관이 주재하고 있는 서울 땅에서 우선 분리시켜야 할 필요가 있었기 때문에 취한 조치였다.

물론 이로써 왕후 시해가 일본인의 소행임을 자인한 결과가 된 것은 사실이다. 따라서 일본인의 소행임은 더 이상 장황하게 증명할 필요도, 가치도 없는 것이다. 핵심은 '일본 정부'가 시해를 주도했다는 점을 밝히는 것이다.

(4) 그럼에도 금성 교과서는 시해 직전의 상황을 기술하면서 이 점을 도외시하고 있다. 즉, "위기 의식을 느낀 일본은 이러한 상황에 대처하기 위해 군인 출신인 미우라를 주한 공사에 임명하였다. 마침내 일본은 약화된 세력을 만회하기 위해 신임 공사인 미우라의 주도 아래 배일 정책을 주도하던 왕비를 시해하는 만행을 저질렀다"는 것이 설명의 전부다(금성, 72쪽).

대부분의 현행 교과서도 마찬가지로 갑오·을미개혁을 언급하면서 이에 부수하여 "일제는 명성황후를 무참히 살해했다"고 언급하고 있을 뿐이다. 대개가 1행 또는 2행으로 가볍게 다루고들 있다. 민왕후 시해 사건은 독도 문제와 더불어 한·일 양국 사이의 중대한 현안이다.

(5) 이는 현행 교과서에 국한된 일이 아니다. 대안 교과서도 마찬가지다. "일본은 3국간섭으로 한국을 보호국으로 만들려던 책동이 좌절되고, 나아가 친러파가 정권을 잡는 사태가 벌어지자 1895년 10월 민왕후를 시해하였다"고 기술하고 있다(대안, 55쪽).

물론 "친러파가 정권을 잡는 사태"가 사건의 원인(遠因)이었다고 말할 수는 있을 것이다. 그러나 그런 사태가 곧 왕후 시해의 직접적인 원인은 아니었다. 뿐만 아니라 대안 교과서의 '3국간섭과 을미사변'이라는 항목에는 표현상의 문제점도 눈에 띈다. "일본이 청일전쟁의 승리로 랴오둥반도를 차지하자 1895년 4월 러시아는 프랑스와 독일을 유인하여 랴오둥반도를 중국에 반환할 것을 일본에 요구하였다"(대안, 55쪽)는 기술이 그것이다.

프랑스와 독일이 러시아의 유혹에 빠져 3국 간섭에 동참한 것이 결코 아니다. 국가 사이의 협력이란 이해관계가 일치할 때만 가능한 것이다. 프랑스는 동맹국 러시아가 동아시아 문제에 몰입할 경우 유럽에서 자국이 고립에 빠지게 될까 걱정은 했지만, 그렇다고 해서 동맹을 깨는 것이 더 불리할 것이기 때문에 가담했을 뿐이다.

이와 달리 독일의 동참은 프랑스의 동맹국인 러시아가 동아시아로 진출하여 그곳에 발이 묶이도록 하기 위한 것이었다. 러시아

가 그래야만 유럽에서 자국의 안전을 도모할 수 있을 것이기 때문
이었다. 즉, 독일은 러·불 동맹을 불구화하려는 전략이었다.

(6)　더욱이 이 항목에는 앞뒤 문장과 관계가 없거나 순서가 바뀐
듯한 하나의 엉뚱한 문장이 삽입되어 이해에 혼란을 주고 있다.
"일본은 러시아와의 전쟁에 대비하여 군비 확장에 매진하였다"고
한 뒤, "러시아는 만주의 철도부설권을 획득하였을 뿐만 아니라
랴오둥반도를 조차하는 특권을 차지하였다"는 문장이 바로 그것
이다. 그리고 바로 이어 "3국간섭은 한국의 정국에도 큰 파문을 일
으켰다"며 민왕후의 인아거일(引俄拒日)의 움직임을 언급하고 있
다(대안, 55쪽).

러시아가 여순과 대련을 조차한 것은 1898년 3월 28일의 일이
고, 동청철도 남만지선(南滿支線)의 부설권을 얻은 것은 같은 해 5
월 7일의 일이다. 1895년의 3국 간섭에 대해 설명하면서 갑자기
중간에 전후 문장과 아무런 관련이 없는 1898년의 이야기를 집어
넣어 이해에 혼동을 주고 있다는 이야기다.

(7)　특히 대안 교과서는 "일본은 3국간섭으로 한국을 보호국으로
만들려는 책동이 좌절되고, 나아가 친러파가 정권을 잡는 사태가
벌어지자 1895년 10월 민왕후를 시해하였다"고 기술하고 있다(대
안, 55쪽). 그러나 재론하거니와, 친러파의 집권이 일본 정부가 왕
후를 시해한 직접 동인이었다고는 말할 수 없다.

더욱이 3국 간섭은 러·프와 독일의 이해가 대립함에 따라 겨우 2개월도 지나기 전에 그 위력을 상실하고 말았다. 이에 일본은, 간섭 3국은 이제 두려울 것이 없다는 주독 공사 아오키 슈조(靑木周藏)의 7월 5일부 보고[17]와 이튿날 그가 한국 정부에 심어놓은 내상 박영효가 민비에게 쫓겨났다는 소식을 접하자[18] 7월 10일 무렵을 기해 곧바로 정책을 강경으로 바꾸었다.[19]

왕후를 시해한 직접 원인은 청일전쟁에 승리한 일본을 제치고 왕후가 청국이 누려온 모든 권익을 러시아에게 넘겨줌으로써 일본의 야욕을 견제하려 했기 때문이었다. 요컨대, 사건의 본질은 일본이 자기네 국익을 지키려는 데 있었다. 이 점을 인식한다면 민왕후 시해는 '일본인'이 아니라 '일본 정부'에 의한 범죄였음이 분명하다. 이것이 사건의 본질이다.

(8) 그런데 문제는 교과서에만 있는 것이 아니다. 우리 한국사학계 대부분이 이 본질에 대한 이해를 소홀히 하고 있다. 왕후 시해에 참여한 자들이 시해 현장에서 벌인 세부 행동에 관심이 고착되어 이것을 왕후 시해의 본질이라고 착각하고 있다는 이야기다.

---

17) P. B. Remmey Jr., *British Diplomacy and Far East, 1892~1898*(Ph.D. dissertation, Harvard University, 1964), 100~102쪽.

18) 井上馨候傳記編纂會 編, 《世外井上公傳》, 4(東京 : 原書房, 1968 復刻), 493~494쪽.

19) 최문형, 앞의 책, 190쪽.

아직도 대원군과 민왕후의 불화를 시해의 원인으로 부각시키는 경우가 있는가 하면, 현행 교과서마저도 시해 현장에서 벌인 미우라 공사와 낭인들의 상세한 거동만을 가지고 이 사건을 설명하고 있다. 그 예를 금성 교과서의 기술에서 찾아볼 수 있다.

"… 베베르가 보고한 이 문서에는 사건 직후 고종이 발표한 성명서, 사건 현장을 목격한 상궁과 러시아인 건축 기사 세르진 사바틴의 증언, 일본인의 침투 경로를 그린 지도 등이 덧붙어 있으며, 사건에 가담한 일본인들의 이름도 나온다.… 사바틴의 증언은 당시의 상황을 자세히 묘사하고 있다.… 오전 5시경 궁궐 서쪽에서 총소리가 들려 급히 가 보니…"(금성, 72쪽). 이는 사건의 본질과는 전혀 관계없는 이야기다. 이 박스 기사에는 유감스럽게도 사건의 본질이 될 만한 이야기가 전혀 없다.

이 사건에는 일본 정부로서는 결코 좌시할 수 없는 자기들의 국익이 걸려 있었다. 일본이 막대한 희생을 치르며 전쟁을 도발한 목적이 바로 한국에 대한 지배권 확보에 있었는데, 승전한 그들로서 이 권익을 포기한다는 것은 결코 있을 수 없는 일이었기 때문이다.

(9) 요컨대, 민왕후가 3국 간섭을 기화로 러시아를 끌어들여 일본을 견제하려고 했고,[20] 그럼으로써 일본 정부로서는 이에 대한

20) 최문형, 《명성황후 시해의 진실을 밝힌다》(지식산업사, 2006, 개정판),

대응이 불가피했다. 그러므로 사건의 본질은 이런 국제 정황 아래에서 민왕후의 '인아거일책(引俄拒日策)'과 이에 대한 일본 정부의 대응으로 요약되는 것이다.

이노우에는 한·러 사이의 연결 고리를 끊기 위해 우선 왕후를 '회유'하려 했지만, 여의치 않자 국제 정세의 호전[21]을 기다려 7월 10일을 전후해 결국 왕후 '제거'로 방침을 결정했다.[22] 자기가 주한 공사 직에서 물러나고 그 후임에 무단적 이미지의 미우라 고로(三浦悟樓)를 추천한 사실이 바로 이 방침 변경의 표현이었다.

(10) 이런 상황에서 이노우에가 주도하여 이토 및 야마가타와 충분한 상의를 거친 뒤, 8월 24일 일본 각의는 임시의회 불개최(不開

178~181쪽. 독일과 러·불의 이해가 달라지자, 일본에 대한 간섭 3국의 위협은 2개월 만에 사실상 해소된 상태가 되었다. 따라서 일본은 간섭에 굴복했다고는 하지만 그것은 요동반도 반환에 한정된 것이고, 그것도 대신 보상금을 받게 되어 있었다. 조선에 관한 조규 등 시모세키조약은 원안대로 수정 없이 비준되었다. 그러나 이 사실을 알 길이 없었던 민왕후에게는 일본의 곤경만이 보였을 뿐이다.

21) 같은 책 참조. 야마가타가 요양 중인 무쓰 외상에게 보낸 7월 8일자 서신 및 아오키 슈조(靑木周藏) 주독 공사의 7월 5일자 국제 정황 보고, 그리고 일본이 심어놓은 박영효가 민왕후에 의해 축출되었다는 7월 6일자 한국 정황 보고를 통해 결단의 시기가 도래했음을 알리고 있다.

22) 같은 책 참조. 야마가타가 폐병으로 요양 중인 무쓰(陸奧宗光)에게 보낸 7월 8일자 서신과 사이온지가 무쓰에게 보낸 같은 날짜의 서신을 통해 이를 알 수 있다 ; 최문형, 〈러일대립과 민왕후 시해사건〉, 《역사학보》, 제168집(2000) ; 崔文衡, 〈閔妃暗殺とは何か － 日韓關係再考〉, 《環》, 第23號(東京 : 藤原書店, 2005 Autumn), 180~191쪽.

催)를 의결했다.[23] 이야말로 일본 정부가 왕후에게 기증금 제공의 길을 원천 봉쇄해버린, 말하자면 회유책 전면 폐기 조치였다. 바꾸어 말해서, 이는 이노우에가 7월 10일을 전후하여 제기한 이른바 '무단적 방법'에 대한 일본 각의의 최종 승인 조치였다.

왕후 시해는 이토 히로부미(伊藤博文)와 함께 메이지유신을 성공시킨 이노우에 가오루(井上馨)가 한국 문제에 대한 전결권(專決權)을 가지고 주도한 사건이었다. 그리고 일본 정부가 이를 승인하는 형식을 취했다. 이는 청일전쟁 뒤 일본의 '사활적인 국익'이 걸린 사건으로 당초 퇴역 군인이나 낭인 따위가 독단으로 결정할 수 있는 문제가 결코 아니었다.

이들은 일본 정부가 내린 결정을 실행에 옮긴 하수인에 지나지 않았다. 그렇다고 해서 우리가 단순히 알고 있는 것처럼 이들 낭인들이 결코 하찮은 부랑배들은 아니었다. 대륙 침략의 선봉대였다.[24] 우리의 안계(眼界) 내에서 벌어진 이들의 살인극은 왕후 시해의 본질이 아니다.

---

23) 최문형, 같은 책. 사이온지가 무쓰에게 보낸 7월 8일자 서신 원본 참조 ; 酒田正民, 〈日淸戰後外交政策の拘束要因〉, 《近代日本硏究》 2(山川出版社, 1980).

24) 이들 가운데는 하버드대학 출신으로 정부의 차관을 지낸 시바 시로(柴四郎)와 도쿄대학 법학부 출신의 호리구치 구마이치(掘口九萬一)를 비롯한 지성인도 있었다. 특히 그들의 집결을 지휘한 한성신보사 사장 아다치 겐조(安達鎌藏)는 훗날 가토 내각의 체신상, 하마구치 내각의 내상으로 등용된 자였다.

⑾　이토를 보좌하던 와타나베 히로모토(渡邊洪基)는 일찍이 1895
년 7월 11일 주일 영국공사 새토(Ernest Mason Satow)에게 "미우라는
단지 이노우에의 정책을 수행했을 뿐"이라고 언급한 사실이 있
다.[25] 같은 해 11월 21일자《노스차이나헤럴드(*North China Herald*)》
는 "이노우에가 민비 살해의 수모자(首謀者)이고 미우라는 희생양
에 불과하다"고 지적한 사실도 있다.[26] 그리고 이 밖에 앨런 주한
공사도 올니 국무장관에게 "이 같은 무서운 일이 미우라에 의해
계획된 것이라고는 믿을 수 없다"고 보고한 바 있었다.[27]

⑿　다시 말하거니와, 왕후 시해의 주모자는 이노우에 가오루(井
上馨)였다. 그는 이토·야마가타 등과 더불어 쵸슈(長州) 출신으로
서 메이지 일본의 개국 공신이었다. 외무·내무대신과 총리 임시
대리까지 지낸 이른바 '겐로(元老)'였을 뿐만 아니라 조선 문제에
관한 한 '전결단행권(專決斷行權)'까지 부여받은 당시 일본 최고 실
력자의 한 사람이었다.

　이런 이노우에가 이 사건을 주도한 이상, 아무도 일본 정부 관

---

25)　G. A. Lensen sel. & ed., *Korea and Manchuria between Russia and Japan, 1895~
1904 : The Observations of Sir Ernest Satow : British Minister Plenipotentiary to
Japan (1859~1900) and China (1900~1906)*(Florida Diplomatic Press, 1966),
75~76쪽.

26)　*North China Herald*(Nov. 21, 1895).

27)　*National Archives*, M−133, R−66, Allen to Olney, No. 156, Seoul, Oct. 10,
1895, Despatchs from United States Minster to Korea.

련을 부정할 수 없는 것이다.[28] 그럼에도 우리 한국사학계와 현행 교과서는 아직까지도 여전히 미우라 주모설을 되뇌이고 있다. 그리고 대안 교과서도 미우라 주모설을 신봉하고 있으며, 왕후 시해의 본질에 대한 설명이 없는 점에서는 현행 교과서와 사실상 차이가 없다(대안, 56쪽).

민왕후의 '인아거일책'에 대한 일본의 대응은 이노우에가 주도했고, 일본 각의가 이를 받아들였다. 그럼에도 우리 한국사학계는 여전히 미우라 주모설 일색이다. 참으로 부끄러운 우리 학계의 일면이다.[29]

---

28) 陸奧宗光, 《蹇蹇錄》(岩波書店, 1983), 287쪽 ; 崔文衡, 〈閔妃暗殺とは何か ― 日韓關係再考〉, 180~191쪽.

29) 子安宜邦·崔文衡, 《歷史の共有体としての東アジア ― 日露戰爭と日韓の歷史認識》(東京 : 藤原書店, 2007), 207쪽. 일본의 사상가 고야스 교수는 쓰노다 후사코의 《민비암살》이라는 작품에 대해 "이 소설은 히로시마의 재판보다 훨씬 더 중대한 판결을 내렸다"고 정의했다. 이 사건에 관한 한 일본 정부는 '무죄'라고 한 그녀의 판정에 대한 평인 것이다. "일본의 출판사는 이 작품에 문학상을 주었고, 오오에 시노부(大江志乃夫)라는 역사가는 선열한 감명을 느꼈다. 이 노작을 통해 나는 쓰노다 씨의 일 독자에서 팬으로 바뀌었다"고 칭송했다. 그럼에도 한국의 역사가들은 그를 일본의 양심적 역사가라고 굳게 믿고 있다.

4. 아관파천기, 러·일의 한국 이권 거래

(1) 아관파천기(1896년 2월 11일~1897년 2월 20일)에서 1898년까지 러시아와 일본은 한국 이권을 둘러싸고 세 번에 걸쳐 거래를 거듭했다. 베베르-고무라각서(1896년 5월 14일)와 로바노프-야마가타 의정서(1896년 6월 9일) 그리고 로젠-니시협상(1898년 4월 25일) 등이 그것이다.

그런데 금성 교과서는 이 시기를 설명하며 "아관 파천을 계기로 러시아와 일본 사이에 세력 균형이 이루어지자…"라고 기술하고 있다(금성, 84쪽). 이것은 납득할 수 없는 이야기다. 한국의 주권자인 고종이 러시아공사관에 일신을 의탁한 판국인데, 어떻게 러시아와 일본의 세력이 균형을 이루었다는 말인지 모를 일이다.

당시는 러시아가 일본 세력을 압도한 상황이었다. "이것(아관파천)은 정국을 완전히 돌변시킨 사건이었다. 친일내각의 김홍집, 어윤중 등은 살해되고 유길준 등은 일본으로 망명했다. 그 결과 친러내각이 성립된 것이다."[30]

일본은 3국 간섭에 굴복하여 요동반도를 청국에 돌려준 뒤, 아관파천을 계기로 한반도에서마저 재차 러시아에게 정치적으로 추월당하게 된 상태였다. 그러나 금성 측은 이 기간의 정황에 대해서는 최소한의 설명도 없다. 러·일 사이의 한국 권익을 둘러싼 흥

---

30) 李基白, 앞의 책, 386쪽.

정이었기 때문에 이것이 우리와 무관할 수는 결코 없는 것이다.

(2) 그렇다면 대안 교과서는 이 기간에 대해 과연 어떻게 기술하고 있을까? "친러파 정권이 성립함에 따라 한국에 대한 러시아의 지배력은 급속히 강해졌다"는 기술이 우선 눈에 띈다(대안, 56쪽). 어쨌든 아관파천을 설명하면서 일본이 기득권을 상실했음을 기술한 것에는 별반 무리가 없다(대안, 57쪽).

그러나 문제는 바로 뒤이어 "1896년 5월 러시아에 한국을 남북으로 분할할 것을 제의하였다"는 기술에서부터 시작된다(대안, 57쪽). 교과서 필자가 사실(史實)을 착각한 것 같다.

1896년 5월의 일이라면 같은 달 14일에 조인된 베베르-고무라 각서를 일컫는 것이다. 그런데 이 날짜에 일본은 이런 제안(분할)을 한 사실이 없다. 일본이 한반도 분할을 제안한 시기는 5월이 아니라 로바노프-야마가타의정서를 체결한 6월 9일이다.

두 조약은 모두 아관파천기에 체결되었는데, 일본으로서는 매우 불리한 시기였다. 그리고 로바노프-야마가타의정서는 우선 그 체결 장소부터가 전자와 달랐다. 그 장소는 베베르-고무라각서의 경우처럼 서울이 아니라 모스크바였다. 이는 니콜라이 2세의 대관식 참석을 기화로 열렸던 관계로 일명 '모스크바의정서'라고도 불린다.

러시아는 한국에서 아직 자국의 지위가 확정되지 않은 상태였고, 이 점에 관한 한 일본도 러시아로부터 분명한 보장을 받아두

어야 할 문제가 있었기 때문에 열린 더 고위층 사이의 협상이었
다. 모스크바의정서는 베베르–고무라각서를 토대로 한 것이었지
만, 그 내용이 같은 것은 아니었다.

(3)　이 협상에서 야마가타가 로바노프에게 한반도를 북위 39도
선(38도라는 설도 있음)을 경계로 분할하자고 제안한 것으로 알려져
있다. 이 의정서의 비밀 조관은 "양국 군대의 충돌을 예방하기 위
해 그들 사이에 중립 지대를 두는 방식을 통해 각 군대의 용병(用
兵) 지역을 확정한다"고 되어 있다(제1조).[31]

　　이는 일본의 한반도 분할 제안임에 틀림없다. 이 의정서의 원문
만을 보면 한국에서 러·일의 지위가 동등한 것으로 보이기도 한
다. 그러나 당시는 아관파천기로서 대등할 수가 없었다. 더욱이
로바노프는 처음부터 정해진 의무를 착실하게 이행하려는 의도를
가지고 이 의정서에 서명한 것도 아니었다.[32]

(4)　"러시아는 상황이 유리하다고 판단하여 일본의 제안을 거부
했지만"이라는 대안 측의 표현도 근거가 없다(대안, 57쪽). 러시아
는 베베르–고무라각서를 거부한 사실이 없다.

---

31)　日本外務省, 앞의 책, 176쪽.
32)　A. Malozemoff, 앞의 책, 88쪽 ; P. H. Clyde, *International Rivalries in Manchuria,
　　1689~1922*(Ohio : Ohio States University Press, 1926), 190쪽 ; 최문형,《한
　　국을 둘러싼 제국주의 열강의 각축》, 211쪽.

대안 교과서는 "… 러시아에 대항하는 국제전선이 형성되기 시작하였다. 불리함을 느낀 러시아는 만주의 이권 확보와 한국의 현상 유지로 방향을 바꾸어 1898년 4월 일본에 한국 분할을 제의하였다. 이번에는 일본이 거부하였다"고 기술하고 있다(대안, 57쪽).

그들은 바로 여기서 다시 심각한 오류를 범하고 있는 것이다. 러시아의 여순·대련 조차, 영국의 구룡반도·위해위 조차 그리고 미국의 필리핀 점령 등 1898년의 여러 사건을 열거해놓고, 이 때문에 러시아가 일본에 한국 분할을 제의했다고 하고 있다. 1898년에 있었던 러·일 사이의 회합이라면 로젠-니시협상밖에 없다.

(5) 그런데 로젠-니시협상에서도 러시아는 일본에 한국 분할을 제의한 사실이 없다. 역사적 진실은 아래와 같다. 한반도에서는 고종의 환궁 이후 소원해진 한·러 관계의 복원을 위해 비테가 파한한 고위 세무관리 알렉세예프의 노력으로 한국에서 러시아 세력은 오히려 크게 강화되어 있었다. 따라서 열강은 이 정황을 러시아의 만·한 동시 침략으로 받아들일 정도였다.

그럼에도 외상 무라비요프는 1898년 1월 7일 러시아주재 일본 공사 하야시에게 돌연 한국 문제에 대해 협상할 용의가 있다고 통고해 왔다.[33] 물론 러시아는 국제 환경의 악화와 경제 파탄으로 동아시아 정책을 재검토할 필요는 있었지만, 그렇다고 해서 이 때문

---

33) 日本外交文書, 31-1, 116~117쪽.

에 한국 문제를 반드시 일본에 양보해야 할 까닭은 없었다.

원인은 러시아의 동아시아 정책이 이제 비테의 '평화적 한반도 우선 침투'에서 무라비요프의 '만주 우선 진출'로 바뀐 데 있었다.[34] 당시는 이홍장의 거센 반대에 부딪혀 비테가 러시아의 진출 목표를 만주에서 한국으로 바꾸어놓은 상태였다. 그런데 무라비요프 외상이 득세함에 따라 목표가 다시 한반도에서 만주로 바뀌었던 것이다.

(6) 여기서 러시아는 황제의 명령에 따라 이미 1897년 12월 11일 여순·대련을 점령하고, 이듬해 3월 17일에는 이를 조차할 생각이라고 일본에 통고하기까지 했다. 그러자 일본은 1898년 3월 19일 만한교환론(滿韓交換論)으로 이에 대응했다.[35]

러시아는 일본의 이 제안에 대해 거부 의사를 분명히 했다. 즉, 한국으로부터 전면 후퇴만은 하지 않겠다는 뜻이었다. 그 대신 러시아는 "자국의 권익을 포기하겠다는 아무런 언급도 없이" 3월 23일을 기해 훈련교관과 재정고문을 한꺼번에 한국에서 철수했다.[36] 그리고 그뒤 3월 28일을 기해 실제로 여순·대련 조차를 단행했다.

---

34) B. A. Romanov, *Rossya y Manchzuriori, 1892~1906*(Leningrad : Enukidge Oriental Institute, 1928), tr. by S. W. Jones, *Russia in Manchuria, 1892~1906*(Ann Arbor, Michigan : Edwards for American Council of Learned Societies, 1952), 137~139쪽 ; P. H. Clyde, 72~74쪽.

35) 日本外交文書, 31-1, 158~159쪽 ; A. Malozemoff, 앞의 책, 110쪽.

36) 日本外交文書, 31-1, 177~178쪽.

이후 러시아는 1898년 4월 25일 도쿄에서 이른바 로젠-니시협상을 일본과 체결했다. 이것은 1898년의 정황 변화로 영·일 동맹성립이 예견되던 당시의 상황에서 러시아가 내놓을 수밖에 없었던 부득이한 외교적 포석이었다. 일본의 대영 접근을 막으려는 러시아의 대일 회유책이기도 했다.

앞에서 자세히 다룬 것처럼, 1898년 1월 7일자 대일 양보 표명에 이은 3월 23일의 훈련교관 철수 등은 러시아의 양보를 위한 선행 조치였고, 로젠-니시협상은 그 결과였다. 그러나 로젠-니시협상은 일본의 권익이 한반도에서 더 이상은 신장할 수 없도록 견제조치를 취해놓은 것이었다. 러·일 양국 정부가 한국의 주권과 완전 독립을 확인하고, 한국 내정에 직접 간섭하지 못하도록 규정한제1조가 바로 그것이었다.

이어 제3조는 "러시아는 한국에서 일본의 상업 및 공업상의 이익을 방해하지 않는다"고 규정했다. 요컨대, 일본의 경제적 권익은 인정하지만 정치적 권익까지는 인정할 수 없다는 것이 그 내용이었다. 그리고 제2조에서 "러·일 양국은 한국이 훈련교관이나 재정고문 임명 시에는 반드시 협의해야 한다"고 함으로써 러시아가일방적으로 양보한 것이 아님을 분명히 했다.[37]

"불리함을 느낀 러시아는 만주의 이권 확보와 한국의 현상 유지로 방향을 바꾸어 1898년 4월 일본에 한국 분할을 제의하였다"고

---

37) 日本外務省, 앞의 책, 186쪽.

한 대안 교과서의 기술은 잘못이 분명하다(대안, 57쪽). 러시아는
이 시점에 이런 제안을 한 사실이 없다. 따라서 일본이 이를 거부
한 사실도 물론 있을 수 없다.

(7) 이는 교과서 필자가 1896년의 '모스크바의정서'와 1898년의
'로젠-니시협상'을 혼동하고 있다는 이야기밖에 안 된다. 물론 학
생들이 이런 문제까지 상세하게 알아야 할 필요가 없다고 할 수는
있을 것이다. 그렇지만 교과서 필자는 사실을 기술하는 데서 정확
성을 기해야 한다.

그리고 두 교과서가 다 같이 간과하고 있는 역사 기술상의 문제
점을 지적하지 않을 수 없다. 일본 정부의 왕후 시해가 러시아로
부터 자기들의 한국 이권을 지키기 위한 폭거였다면, 아관파천은
이에 대항하기 위한 러시아의 대응 조치였다는 사실이다.

그런데 이 둘을 서로 관련이 전혀 없는 별개의 사건처럼 각각
따로 분리하여 기술하고 있는 것이다. 당시 왕후 시해 직후의 러
시아로서는 일본에 맞서 어떤 방법으로든 한국 정부를 자기 편으
로 끌어들여야 할 처지였다.[38] 아관파천도 한국 왕의 자유의지만
으로 결행될 수 있는 일이 아니었다. 러시아공사관 측의 동의가
있어야만 가능한 일이었다.[39]

---

38) G. A. Lensen, *Balance of Intrigue — International Rivalries in Korea & Manchuria
1884~1899*, 2 vols(Florida States University Book, 1982).
39) 같은 책, 587쪽, 580쪽.

(8) 왕의 환궁 역시 사실상 일본의 이해와도 밀접하게 연관된 문제였다. 그런데 두 교과서와 개설서는 이런 점에 대한 언급이 전혀 없다. 금성 교과서는 독립협회를 설명하며 아관파천을 여기에 부속시켜 처리한 반면, 대안 교과서는 아관파천을 한국이 미국과 러시아에 제공한 이권을 중심으로 기술한 것이 그 예라 하겠다.

5. 고종의 환궁과 독립협회

(1) 금성 교과서는 고종이 러시아공사관에서 환궁하게 된 원인을 "국민들과 정부의 대다수 관료가 러시아의 내정 간섭에 항의하고 국왕의 환궁을 요구"했기 때문이라고 말하고 있다(금성, 84쪽). 대안 교과서도 고종이 환궁하게 된 배경과 관련해 "1896년 7월 창립된 독립협회가 국왕의 환궁을 적극적으로 요구하였다"고 기술하고 있다(대안, 56쪽).

이는 우리 한국사학계의 공통된 견해라고 할 수도 있다. 이기백 교수도 "독립협회의 활동으로 인하여 러시아의 군사교관과 재정 고문(알렉세예프)은 소환되고, 한러은행은 폐쇄되었고, 고종은 러시아공사관으로부터 경운궁으로 돌아오게 되었다"고 기술하고 있다.

그러나 그는 "독립협회의 운동이 그 절정에 달한 시기는 1898년(광무 2년) 10월에 종로광장에서 관민공동회를 개최했을 때였다"

고 언급하고 있다.[40] 이광린 교수도 "독립협회가 눈에 띄는 성과를 거둘 수 있었던 것은 1898년 10월에 이르러서의 일"이라고 설명하고 있다.[41]

물론 국민과 독립협회의 환궁 요구가 있었으며, 이것이 왕을 움직인 중요한 원인이 되었을 것이라고 짐작할 수 있다. 그렇지만 이것만 가지고 환궁의 유일한 원인이었다고는 말하기 어렵다. 왜냐하면 독립협회가 1896년 7월에 결성된 것은 사실이지만, 1897년 5월 '독립관 현판식'을 거행할 당시만 하더라도 일요일 오후 3시에 정기적으로 모여 대개의 경우 한담을 교환하는 데 지나지 않았기 때문이다. 그 성격이 바뀐 것은 1897년 8월 이후의 일이라는 것이다.[42]

(2) 그런데 환궁은 1897년 2월 20일에 이미 이루어졌다. 종로광장에서 관민공동회가 개최된 것은 1898년 10월 29일의 일이다. 환궁은 이보다 자그만치 1년 8개월 여 전에 이미 이루어진 것이다. 그리고 러시아의 군사교관 및 재정고문 소환도 마치 환궁과 같은 시기의 일인 것처럼 기술하고 있지만, 이것도 환궁 이후 자그만치 1년 1개월이나 지난 1898년 3월 23일의 일이었다.

우리 한국사학계는 독립협회의 역할을 강조하는 데 역점을 둔

---

40) 李基白, 앞의 책, 390~391쪽.

41) 李光麟, 앞의 책, 434~435쪽.

42) 같은 책, 424~428쪽.

나머지, 이처럼 사건의 연대도 올바로 가리지 못하고 있는 것 같다. "요즘 '광무개혁'의 의미를 과장하는 경향이 나타나고 있다"고도 하지만,[43] 마찬가지로 독립협회의 역할을 과장하는 경향이 있는 것도 사실이다.

(3) 고종의 환궁 결행에는 간과할 수 없는 또 다른 중대한 원인이 있었다. 왕이 믿고 의탁했던 러시아에 대해 실망한 것이 중요한 원인의 하나였다. 니콜라이 2세의 대관식에 참석하기 위해 모스크바에 도착한 민영환이 1896년 6월 5일 러시아 외무성에 제기한 지원 요구에 대해 로바노프 외상은 7월 2일자로 이른바 '5개항의 회답 요점'을 전달했다.

그런데 그 내용이 너무나도 모호하고 '회피적(evasive)'이며 실행을 지연시키려 하고 있어 왕이 실망한 것이다. 특히 고종이 가장 절실하게 생각하고 있던 차관 문제에 대해 로바노프가 한국의 경제 상태가 확인되는 대로 고려하겠다고 한 것이 바로 그것이었다.

그리고 일본 측이 고종의 환궁을 부추기기 위해 가토 마사오(加藤增雄) 주한 공사를 시켜 로바노프-야마가타의정서와 비밀 조항의 원문을 통째로 한국 측에 넘겨줌으로써 왕의 격분을 사도록 했던 것이다.[44] 러·일 양국이 한국을 사실상 자기들의 공동 점유령

---

43) 李基白, 앞의 책, 390쪽.
44) B. A. Romanov, 앞의 책, 113쪽.

(Condminium) 내지 공동 보호령(Joint Protectorate)으로 만든다는 내용 때문이었다.[45]

(4) 환궁을 둘러싼 문제점 역시 우리 근·현대사 전공자들이 극복하지 못하고 있는 '외인론' 부정에서 비롯된 것이라 할 수 있다. 침략할 목적으로 한국 땅에 발을 들여놓은 대강국 러시아가 오로지 한국민의 저항에 좌우되어 그들의 철수 방침을 결정했다는 해석은 그야말로 나이브하기 그지없는 것이다.

러시아는 독자적으로 수립한 자기들의 이익을 위한 기정 방침에 따라 한국 땅에서 전개된 사태와 상관없이 행동으로 옮겼다는 해석이 훨씬 더 합리적이다. 한국 민중의 저항만으로 러시아를 물러나게 했다든가, 오로지 독립협회의 적극적인 요구 때문에 왕이 환궁했다는 주장은 당시의 국제 정황에 비추어 합리성이 결여된 해석이다.

6. 대한제국과 '광무개혁'

(1) 금성 교과서는 "대한국 국제(國制)는… 대내적으로는 군주권이 최고 권력임을, 대외적으로는 대한 제국 주권이 외국의 간섭을

---

45) A. Malozemoff, 앞의 책, 88쪽 ; P. H. Clyde, 190쪽.

받지 않는 독립 주권임을 내외에 선포한 것이다", "대한 제국은 열강 세력이 서로 경쟁하는 정세를 이용하여 여러 가지 개혁을 추진하였다"고 쓰고 있다(금성, 86쪽).

그 결과 "광무개혁은… 짧은 기간 안에 국방, 산업, 교육, 기술면에서 적지 않은 성과를 거두었다. 그러나 대한 제국은 여전히 열강의 영향력에서 벗어나지 못하였다"고 기술하고 있다(금성, 87쪽). 즉, 금성 교과서는 대한제국의 정책을 '광무개혁'이라 칭하며 그 근대적 가치를 높이 평가하고 있다.

(2) 그러나 이를 높이 평가하기에는 적지 않은 모순이 내재되어 있다. 첫째, 독립국임을 선포하는 것만으로 한국이 주권국가가 되는 것은 아니기 때문이다. 이를 위해서는 우선 나라를 유지할 수 있는 국력이 충실해야만 한다. 메이지유신 이후의 일본처럼 입헌 군주국가가 된 것도 아니고, 국민의 정치 참여도 허용하지 않았을 뿐만 아니라, 정부와 황실의 구분도 분명치 않았다. 즉, 대한제국은 황제의 전제적 권력만을 보장할 뿐 옛 체제 그대로였다.

둘째, 이런 전제국가가 "열강 세력이 서로 경쟁하는 정세를 이용하여 여러 가지 개혁을 추진하였다"(금성, 86쪽)는 이야기는 믿기 어려운 것이다. 우선 열강이 "서로 경쟁"했다는 말은 사실이지만, 그 경쟁은 한국의 권익을 서로 더 많이 뺏으려는 경쟁이었다.

우리가 이용할 수 있을 만큼 녹록한 경쟁이 아니었다. 금성 교과서도 당시를 "여전히 열강의 영향력에서 벗나지 못하였다"고

시인하고 있다. 한국주재 러·일 공사가 한국 문제를 서울 땅에서 논의하며 당사자인 우리 정부에는 통고조차도 하지 않았다.

(3) 한편 국내에서도 왕의 환궁 이후 열강 사이의 이권 경쟁은 더 치열해졌다. 비테가 이홍장의 반대에 부딪혀 이른바 '만주로의 평화적 침투' 계획을 잠시 보류하고 고위 세무관리 알렉세예프를 파한하자(1897년 9월), 환궁 시에 소원해졌던 한·러 관계가 약 7개월 만에 다시 복구되었다. 왕으로서는 왕후를 시해한 일본인보다는 러시아인에게 더 호의를 가질 수밖에 없었기 때문이다.

여기서 알렉세예프는 스페이에르 주한 공사와 협력하여 한국의 경제 상황과 해관(海關)의 비정상적 관리 상태 조사에 착수했다. 그리하여 영국인 총세무사 브라운(McLeavy Brown)의 이기적 유용 행위에 대한 증거를 포착, 이 사실을 고종에게 알려줌으로써 마침내 브라운을 밀어내는 데 성공했다.

알렉세예프는 10월 5일부터 브라운 추방 공작을 벌여 같은 달 25일, 결국 그를 대신하여 자신이 한국의 재정고문 및 총세무사가 되었다. 그가 "한국 해관을 접수함으로써 사실상 한국 재정의 주인이 된 셈이었다."[46] 이것이 환궁 이후 대한제국 성립 시까지의 정황이었다.

이 정황에 대해 알렉세예프는 자국 황제에게 "러시아에 충실한

---

46) A. Malozemoff, 같은 책, 105~107쪽 ; B. A. Romanov, 앞의 책, 130쪽.

인물을 수뇌로 하는 새로운 정권이 성립되었고, 일시적 냉각은 이제 끝났다"고 보고를 올렸다.[47] 그리고 앨런은 당시의 상황을 가리켜 "러시아인은 한국을 마치 집어삼킬 기세였다"고 했고, "한국 문제는 이제 끝장났다"고도 표현했다.[48] 대한제국이 성립된 시기(1897년 10월)의 정황은 바로 이러했다.

셋째, 대한제국의 개혁이 짧은 기간에 여러 분야에서 "적지 않은 성과를 거두었다"(금성, 87쪽)는 그 시기는 주한 영국공사 조든(J. N. Jordan)의 요청에 따라 영국 아시아함대가 제물포에 입항하여(1897년 11월 27일) 한국 정부에 혹심하게 위압을 가하던 바로 그 무렵이었다.

이 결과 한국 정부는 해임했던 영국의 브라운을 복직시킬 수밖에 없었고, 그럼으로써 당시는 알렉세예프와 브라운이라는 2명의 재정고문이 함께 존재하던 그런 시기였다. 러시아인 재정고문과 영국인 재정고문이 서로 대립하는 가운데, 일본이 영국과 합세하여 한국 정부에 압력을 가하던 참으로 어지러운 정황이었다.

물론 금성 교과서도 "대한 제국은 여전히 열강의 영향력에서 벗어나지 못하였다"는 기술은 하고 있다. 그런데 그들의 영향력이 정녕 어떤 것이었는지, 또 그 영향력 아래에서 어떻게 여러 방면에서 적지 않은 개혁의 성과를 거두었는지에 대한 설명이 없다.

---

47) B. A. Romanov, 같은 책, 64~65쪽 ; F. H. Harrington, *God, Mammon and the Japanese*(Wisconsin, University of Wisconsin Press, 1944), 130쪽.
48) Harrington, 같은 책, 300쪽.

　대안 교과서는 여러 가지 사례를 들어, 특히 일본의 메이지유신의 경우와 대비하여 금성 측에서 기술하고 있는 '광무개혁'의 성과를 부정하고 있다. 하지만 "내외 위기에 봉착하여 나름의 대응을 모색했음을 밝혔다는 의의는" 있다고 평하고 있다(대안, 63쪽). 요컨대, 금성 측은 위기에 봉착했음에도 불구하고 개혁의 성과를 거두었다는 것이고, 대안 측은 대응을 모색해보았지만 그렇지 못했다는 요지였다.

(4)　그렇다면 먼저 당시의 내외 위기가 도대체 어떤 것이었는가부터 알아보아야 할 것이다. 그럼에도 두 교과서는 그 '위기'에 대한 내용 설명이 없다. 당시 우리가 처했던 국제 환경에서 국호만 바꾸었다고 해서 '자주'와 '개혁'이 이루어질 수 있었겠는지에 대한 이해가 먼저 필요하다 하겠다.

제4장

러일전쟁 이후 : 일본의 한국 병합

1. 러일전쟁:사실 외면

(1) 금성 교과서에는 러일전쟁에 대한 기술이 사실상 없다. "일본이 러·일 전쟁에서 승리하면서 대한 제국 정부의 개혁은 중단되고…"(금성, 76쪽), "일제는 러·일 전쟁 중 대한 제국 정부에 알리지 않고 독도를 자기들 영토에 불법적으로 편입시켰다"(금성, 88쪽), "일제는 1904년 러·일 전쟁의 발발과 함께 대한 제국을 식민지로 만드는 데 필요한 기초 작업을 진행하였다"(금성, 107쪽), "한반도를 둘러싸고 치열한 세력 다툼을 벌이던 러시아와 일본은 결국 전쟁에 들어갔다"(금성, 146쪽)고 한 것 등이 기술의 전부다.

이 모두가 대한제국을 기술하면서, 그리고 일본의 한국 국권 침탈을 설명하면서 그 특정 시기를 알려주기 위한 방법으로 '러일전쟁'이라는 단어를 집어넣었을 뿐이다. 바꾸어 말하면, 전쟁 자체를 설명하기 위한 항목이 없을 뿐만 아니라 이 전쟁이 우리나라에 미친 영향 등에 대한 언급이 없다는 이야기다.

러일전쟁의 전쟁터가 엄연히 한국 땅이었음에도, 그리고 그것이 우리나라를 일본의 식민지로 결정지은 중대한 사건이었음에도 금성 교과서는 이 전쟁을 철저히 외면하고 있다.

(2) 이와 달리 대안 교과서는 '러일전쟁과 국권 상실'이라는 제목을 붙여 이 전쟁 기술에 1페이지 가량을 할애했다(대안, 64쪽). 그러나 아쉬운 점은 이 전쟁을 오로지 러·일 두 나라만의 대결로 묘사

했다는 것이다. 러일전쟁은 결코 두 나라만의 싸움이 아니었다.

물론 영·미와 독·불은 참전하지는 않았지만, 관련된 나라가 한국과 청국을 제외하고도 무려 6개국이나 되었다. 그리고 그들이 각기 우리나라의 운명을 결정짓는 데 작용했던 것이다.

그리고 대안 교과서는 사실 기술 면에서도 애매함이 없지 않다. "(포츠머스조약의 결과) 일본은 러시아로부터 랴오둥반도 조차권과 동청철도 일부를 양도받아 청일전쟁의 전리품을 되찾고, 한국에 대한 우월한 지위를 인정받았다"는 기술이 그것이다(대안, 64쪽). 동청철도의 '일부'라는 표현보다는 '동청철도 남만지선(남만주철도)'이라고 하는 편이 더 구체적일 것이다.

그러나 이보다도 눈에 띄는 오류는 포츠머스조약과 관련한 내용으로, 일본이 한국에 대한 '우월한 지위'를 인정받았다고 한 점이다. 일본이 러시아로부터 승인받은 것은 단순한 '우월한 지위'가 아니라, '한국에서 정치·군사 및 경제상의 탁절(卓絶)한 이익(Paramout interest)'이었다.

일본의 지도 보호 및 감리 조치까지 약속받았던 것이다.[1] 즉, '보호권'인정이 바로 그것이었다. '우월한 지위'는 이미 1898년 로젠-니시협상을 통해 이미 인정받은 사안이었다.

더욱이 대안 교과서는 "9월의 포츠머스조약에서는 러시아로부터 대한제국이 동의한다면 보호국으로 삼을 수 있다는 동의를 얻

---

1) 日本外務省, 《日本外交年表竝主要文書》, 上(1965), 245~249쪽.

었다"고 쓰고 있지만(대안, 65쪽), 이 역시 사실이 아니다. 한국이 이에 동의할 리도 없거니와, 일본은 한국의 동의와 상관없이 포츠머스조약으로 한국에 대한 '보호권'을 이미 획득했던 것이다.

(3) 한일 관계에서 "더 이상의 진전(further development)"을 방해하지 않는다는 말은 제1회 러일협약(1907년 7월 30일) 제2조에 있는 것이다. 그렇지만 러시아는 "더 이상의 진전"이 곧 한국 병합임을 명시하지 않았다. 그럼에도 당시의 일본으로서는 협상 진행을 중단할 수가 없었다.

한국 병합 문제를 해결하기 위해서도 그럴 수밖에 없었지만, 만주로 침투해오는 미국의 압박을 막기 위해서도 다른 방법이 없었다. 물론 러시아도 회담을 깰 수 없었던 사정은 일본과 마찬가지였다. 프랑스는 러시아와는 동맹 관계, 영국과는 협상 관계여서 러·일의 제휴를 크게 환영했기 때문이다.

러·일의 제휴는 영·일 동맹과 러·불 동맹을 연결시키는 것이고, 이는 대독(對獨) 포위망 구축의 완성을 의미하는 것이어서 영·불로서는 더욱 열망하는 것이었다.[2] 따라서 제1회 러일협상은 "더 이상의 진전"이라는 말이 구체적으로 무엇을 뜻하는지도 똑바로 정의하지 못한 채 조인되었던 것이다.

일본은 포츠머스조약의 '감리(control)'에는 그 의미가 한국 병합

---

2) 최문형, 《러시아의 남하와 일본의 한국 침략》(지식산업사, 2007), 342쪽.

까지를 내포하는 것이라고 주장한[3] 것과 달리, 이는 포츠머스조약의 합의 한계를 약간 넘는 정도라는 것이 러시아의 주장이었다. 더욱이 이에 대해 한국 정부의 동의를 받으라는 러시아의 주장은 당초 불가능한 일었다.

바꾸어 말하면, 이것은 러시아의 동의를 받아야 한다는 의미였고, 그러기 위해서는 대가(代價)가 있어야 한다는 뜻이었다. 즉, 러시아가 일본에게 한국 병합에 대한 재량권을 인정해주는 대신, 일본은 내·외 몽고와 신강(新疆) 일대에 대한 러시아의 정치적 권익을 인정하라는 내용이었다. 요컨대, 한국을 이들 지역과 맞바꾸자는 이야기였다.

그런데 대안 교과서는 이 사실이 마치 포츠머스 강화회의에서 있었던 내용처럼 서술했다. 더욱이 러시아가 한국의 동의 없이는 일본이 한국을 보호국화하지 못한다고 한 것처럼 서술하고 있다. 포츠머스조약으로 한국이 일본의 '보호국'이 된 것은 이미 상식화한 일반론이다.

(4) 그렇다면 러일전쟁은 일본의 한국 병합과 정녕 어떤 관계가 있는 것일까? 러일전쟁은 청일전쟁을 통해 식민지화로 내몰린 한국을 결국 사실상의 일본의 지배로 귀속시킨 전쟁이었다. "이 전

---

3) 최문형,《국제관계로 본 러일전쟁과 일본의 한국병합》(지식산업사, 2004), 361쪽.

쟁은 일본에게 자국을 열강의 대열에 끼도록 해주었다면, 한국에게는 자국의 존립을 부인하는 결과를 초래했다.”[4]

이 전쟁에 대한 기술은 당시의 세계 정황을 이해하기 위해서도 필요하지만, 특히 우리나라가 일본에 병합되는 경위를 올바로 이해하기 위해서는 결코 빼놓을 수 없는 과제이다.[5] 국민 교육을 위해서도 제 나라가 망한 원인과 경위는 반드시 가슴에 새겨두어야 할 일이다.

(5)   영·일 동맹이 성립되자 당황한 러시아가 서둘러 청국과 만주 철병협정(1902년 4월 8일)을 체결했지만 이를 위배하고 채택한 ‘뉴코스’ 정책이 러·일 개전과 어떤 관련이 있는가, 이에 따른 영·미의 대일 지원이 일본으로 하여금 서슴없이 개전으로 내닫게 했고 그 결과 우리나라가 어떤 지경에 빠지게 되었는가에 대한 이해가 필요하다.

그리고 전황 변화에 발맞추어 강화 무드가 고조되고 미·영이 일본에게 ‘한국 보호’를 인정해준 배경은 무엇인가, 전패한 러시아가 인정한 일본의 ‘한국 보호’가 도대체 어느 한도까지를 말하는 것인가 등은 교과서 필자들로서는 반드시 올바로 기술해야 할 사항임을 재차 강조한다.

---

4) 子安宣邦, 《昭和とは何であったのか》(藤原書店, 2008), 92쪽.
5) 최문형, 《국제관계로 본 러일전쟁과 일본의 한국병합》, 4~9쪽.

일본은 승전의 정도에 발맞추어 한국에 대한 압박의 강도를 달리했고, 동시에 미·영 또한 자기들의 국익에 맞게 대일 관계를 조정했다. 그리고 전쟁의 결과는 유럽의 정황에도 영향을 미쳤지만, 우리의 운명에는 가히 결정적인 영향을 미쳤다.

(6) 그러나 포츠머스 강화회의에서 인정한 일본의 한국 '보호'에는 분명한 한계가 있었다. 러일전쟁에는 구미 열강의 이해가 깊이 개재되었던 관계로 그들의 이해의 정도에 따라 그 한계 또한 달라졌다. 전후 한국의 운명은 열강의 이해관계에 따라 '보호'의 한계가 결정되었다고 해도 지나친 말이 아니다.

개전에서 종전까지 열강의 영향력이 사태를 좌우하는 경우가 많았다. 따라서 우리의 국권 상실의 정확한 원인과 경위를 구명하기 위해서는 먼저 러일전쟁에서 표출된 이들의 동아시아 정책에 대한 이해가 필요한 것이다.

(7) 그럼에도 최근에 일본 정부의 검인정을 받은 지유샤(自由社) 교과서는, 앞에서 언급한 것처럼 역사 기술을 위한 전제부터가 거꾸로 설정되어 있다. 다시 말하거니와, 엄연한 침략 전쟁인 "청일전쟁과 러일전쟁이 자기들(일본인)의 '조국 방위 전쟁'이었다"는 것이다. "아시아인에게 백인의 압제로부터 해방의 희망을 갖게 한 '민족 해방 전쟁'이었다"는 논리다.[6]

새 교과서 편찬은 자기네 자학사관(自虐史觀)을 타파하는 데 목적이 있다는 것이다. 일본은 다른 나라를 침략한 사실도 없고 범죄를 저지른 적도 없으니 자책할 필요도 없다는 배짱이다. 오로지 메이지시대의 영광에서 앞날의 지표를 찾아야 한다는 것이 그들의 주장이다.

오늘날 대륙 국가의 현실적 위협을 타개하는 방법도 100여 년 전에 청국과 러시아의 위협을 슬기롭게 극복한 메이지 지도자로부터 그 교훈을 얻어야 한다는 논리다. 그들의 이른바 '새로운 역사교과서'는 그래서 필요하다는 이야기다.[7]

따라서 우리는 일본의 역사 왜곡을 사실(史實)로써 반증해야 할 필요에서라도 먼저 청일전쟁과 러일전쟁에 대한 올바른 이해가 필요하다. 이것은 이 두 전쟁에 대한 한국 교과서의 문제점이 어디에 있는가를 자각하게 한다. "이 전쟁이 청국과 일본의 대결이고 러시아와 일본의 전쟁인데, 이것이 도대체 우리와 무슨 관계가 있느냐"는 식의 역사 기술은 결코 용납될 수 없는 것이다.

<hr>

6)《新しい歷史敎科書》(扶桑社, 2006), 168쪽 ;《日本人の歷史敎科書》(自由社, 2009), 170쪽.

7) 渡邊利夫,《新脫亞論－東アジア危機の日に備え, 日本の近現代史を'再編輯'する》(東京 : 文藝春秋, 2008), 23쪽.

2. 러일전쟁과 일본의 독도 점취

(1) 대안 교과서에는 독도에 대한 기술이 없다. 금성 교과서도 "일제는 러·일 전쟁 중… 독도를 자기들 영토에 불법적으로 편입시켰다"는 정도의 말로 끝맺고 있다(금성, 88쪽). 근·현대사 교과서가 대부분 이런 식이다.

고등학교 수준이라고 하더라도 오늘의 현실에 비추어 일본이 이 섬을 점취하게 된 원인과 경위에 대한 최소한의 설명은 있어야 할 것이다. 그들의 불법성과 그 불법성의 근거가 무엇인지에 대한 최소한의 설명은 했어야 했다.

한마디로 말해서, 일본 정부의 독도 편입은 러·일 해전에 대비하기 위한 그들의 준비 조치였다. 러시아 발틱함대의 내도(來到)에 대비하여 이 섬을 해군의 전략 기지(基地)로 이용해야 할 필요가 있었기 때문이다.[8]

(2) 1904년 5월 15일 일본 해군은 여순항에서 러시아 해군에 의해 최신예 보유 전함의 약 3분의 1을 격침당했다. 그러자 그들 외교진은 이미 진행하고 있던 압록강과 두만강 삼림채벌권 탈취 공작에 덧붙여 한국 정부에 압력을 가하여 그 대상에 울릉도를 첨가했다.[9]

---

8) 최문형, 〈러일전쟁과 일본의 독도점취〉, 《역사학보》, 제188집(2005).

그리고 울릉도를 탈취한(5월 18일) 뒤, 그들은 9월 하순까지의 심각한 전황 변화와 발틱함대의 내도에 대비하여 대응 조치를 강구했다. 이 조치가 바로 그들의 독도 점취였다. 시간적으로나 재정적으로 새로운 군함 건조가 불가능했기 때문에 기지를 얻는 방법밖에 달리 길이 없었던 것이다.

해군 군령부(軍令部)의 독도 망루(望樓) 설치를 위한 조사 명령(9월 25일)과 함께 나카이(中井養三郎)라는 어부를 시켜 '리양코도(リヤンコ島, 독도) 영토편입원'을 제출토록 한 조치(9월 29일)가 바로 그것이다. 그에게 편입원 제출을 독려한 외무성 정무국장 야마자 엔지로(山座圓二郎)의 언급은 일본의 독도 편입 목적을 분명히 밝혀주고 있다.

"시국은 그 영토 편입을 급요(急要)로 하고 있는 바 여기에 망루를 건설하고 무선(無線) 또는 해저 전선(海底 電線)을 설치하는 것은 적함(敵艦) 감시상 극히 필요하다"는 것이었다.[10]

(3) 그렇지만 당시의 일본은 시기적으로 그의 영토 편입원을 접수해두는 것 이상의 조치는 사실상 필요치 않았다. 발틱함대가 리

---

9) Denis and Peggy Warner, *The Tide at Sunrise —History of Russo—Japanese War 1904~1905*, 妹尾作太男·三谷庸雄 譯, 《日露戰爭全史》(時事通信社, 1979), 320~321쪽.

10) 堀和生, 〈1905年日本の竹島編入〉, 《朝鮮史研究會論文集》, 제24집(1987), 118쪽 ; 崔文衡, 〈日露戰爭と日本の竹島(獨島)占取〉, 《環》, 第23號(東京 : 藤原書店, 2005 Autumn).

바우(현재 라트비아의 리에파야[Liepaja])에서 아직 출발도 하지 못한 상태였기 때문이다. 그리고 일본 역시 당시까지는 여순을 점령하지 못한 상태여서, 발틱함대가 일본 근해에 당도한 뒤 여순(서해)으로 향할지 아니면 블라디보스토크(동해)로 향할지 분간할 수 없었기 때문이다.

그러므로 대전(對戰) 준비를 위한 일본의 독도 편입 작업도 여순을 점령한 1905년 1월 1일 이후에야 본격화했다.[11] 내상 요시카와(芳川顯正)가 수상 가쓰라(桂太郎)에게 독도 편입을 의결해달라고 요구한 것은 그들이 여순을 함락하고나서 열흘 뒤인 1월 10일이었다. 그러자 도고(東卿)는 특수 임무가 없는 모든 함선의 대한해협 집결을 명령했다. 그 날짜는 다시 열흘 뒤인 1월 21일이었다.

그뒤 일주일이 지난 1월 28일, 내각은 '무인도선점(無人島先占)' 이론을 적용, 독도를 자국령으로 편입했다.[12] 그리고 편입 발표도 도고가 임전 태세 완비를 선언한(2월 21일) 바로 이튿날인 2월 22일에 했다. 그것도 시마네현(島根縣)이라는 한 지방 관청의 관내 고시를 통해 처리했다. 이는 열강의 의혹을 피하기 위해서였음이 분명하다. 그뒤 5월 28일 일본 함대는 독도 동남방 18마일 지점에서 러시아의 잔여 함선을 포위, 완벽한 승리를 거두었다.[13]

---

11) 崔文衡, 같은 글.

12) 內藤正中, 〈竹島は日本固有の領土か〉, 《朝鮮史硏究會論文集》, 第24號 (1987).

13) 최문형, 《국제관계로 본 러일전쟁과 일본의 한국병합》, 260~271쪽 ; 崔文

이처럼 역사적 진실이 엄연한 이상, 일본의 독도 편입과 러일전쟁과 사이의 관련은 어떤 논리로도 부정할 수 없는 것이다. 전쟁에는 '폭력'과 '탐욕'이 수반될 수밖에 없다. 독도 편입이 전쟁과 밀접한 관련이 있는 이상, 〈카이로선언〉의 규제 대상이 되는 것은 자명한 일이다.[14]

(4) 그러나 근간에 이르러 일본 외무성은 홈페이지를 통해 돌연 독도가 자기네 '고유의 영토'라는 주장을 펴고 있다. 이는 1905년 영토 편입 때 그들이 내세웠던 '무주지 선점' 이론과 정면으로 상충되는 주장이다.[15]

일본의 태정관(太政官, 총리격)은 "죽도(竹島, 울릉도) 외 일도(一島) 본방(本邦)과 관계없다"는 지령을 메이지유신 이후 10년이나 지난 1877년 3월 29일부로 내무성에 하달한 사실이 있다.[16] 이는 울릉

衡, 〈日露戰爭と日本の獨島(竹島)占取〉, 192~203쪽. 《역사학보》, 제188집 (2005)에 이를 보완 게재.

14) 1943년 12월 1일자로 공개된 〈카이로선언〉의 관련 내용은 "Japan will also be expelled from all other territories which she has taken by violence and greed"이다.

15) 저자는 2005년 10월 21일, 저자의 책을 출판한 후지와라의 주선으로 東京上海俱樂部(新宿 My city 8층)에서 몇 명의 대학교수 및 신문사 논설위원들과 이 문제로 토론을 벌인 일이 있다. "독도가 일본 고유의 영토라면 일본 정부가 왜 러일전쟁 시에 새삼 영토 편입을 할 필요가 있었는가?"라는 저자의 질문에 그들은 "메이지유신으로 근대 국가를 이룩한 일본이 이 섬이 자국령임을 재확인하기 위해서"라고 대답하고 있다. 그러나 이것은 궁색한 답변이다. 일본 태정관이 독도가 일본 땅이 아니라고 한 1877년은 메이지유신 이후 이미 10년이나 지난 시점이기 때문이다.

도 외의 하나의 섬(독도)이 일본 땅과 관계가 없다는 시마네현의 보고를 받은 내무성이 이를 충분히 검토한 뒤 3월 20일부로 정부에 이 사실을 보고하자, 그들 정부 당국자가 내린 지령이다.[17]

일본 외무성의 이 모순된 주장에 대해서는 일본 학자 나이토 세이주(內藤正中)까지도 "이들이 공부를 안했다"며 꾸짖고 있다. "에도기(江戸期) 이래 리양코도 영유권에 대해 부인한 사실은 있지만 일본령이라고 주장한 사실은 한번도 없었다. 영유권의 재확인은 될 수가 없다"고 그는 단언하고 있다.[18]

3. 헤이그 밀사 사건:그 시대 배경

(1) 금성 교과서는 "고종 황제는 조약을 무효로 돌리기 위해… 헤이그 만국 평화 회의에 특사를 파견하였지만(1907. 6.) 냉혹한 국제 질서에서 받아들여지지 않았다"고 이 사건을 기술하고 있다(금성, 146쪽). 그리고 대안 교과서도 "… 도움을 줄 것으로 기대한 러시아가 냉담한 반응을 보였으며, 개최국인 네덜란드도 외교주권이 없

---

16) 《公文錄》, 內務省之部一, 明治 10年, 3月 20日條, 二A10 公2032－Micro－Reel－256－1346(國立公文書館 所藏).

17) 《公文錄》, 內務省之部一, 明治 10年, 3月 17日條, 二A10 公2032－Micro－Reel－256－1350(國立公文書館所藏).

18) 內藤正中,《竹島は日本固有の領土か》(世界, 2005), 61쪽.

는 대한제국의 참석을 인정하지 않았기 때문에…"라고 하여 사건 실패의 외형적 경위만을 기술했다(대안, 67~68쪽).

(2) 대안 교과서는 우선 사건의 날짜부터 정확하지 않다. "1907년 7월에 일어난 헤이그 밀사사건은…"이라고 했는데(대안, 76쪽), 우리 대표단이 회의 의장 넬리도프(Alexander Ivanovich Nelidoff)에게 고종의 신임장을 제시하고 입장을 시도했지만 거부당한 날짜는 6월 29일이었다.

회의는 6월 15일에 열렸고, 우리 대표단이 헤이그에 도착한 날은 6월 24일이었다.[19] 7월에는 일본이 러일협약의 막바지 교섭 과정을 주시하며 밀사 사건을 트집 잡아 본격적으로 한국 압박에 나선 시기였다. 고종에 대한 양위 강압(7월 19일), 정미7조약(7월 24일) 등이 모두 7월의 일이었다. 요컨대, 일본이 한국을 압박한 시기는 7월이었지만, 밀사 사건은 6월의 일이었다.

그리고 대안 교과서는 "이(3국협상)를 계기로 영국과 동맹을 맺고 있던 일본은 3국협상의 일원인 러시아에 급속히 접근하여 만주로부터 미국을 배제할 수 있었다"고 기술하고 있다(대안, 77쪽).

(3) 그러나 일본과 러시아가 대독 포위망 구축에 협력해줌으로

---

19) 朝鮮總督府極秘資料, 〈朝鮮の保護及び倂合－明治時代に於ける對韓政策の眞相〉(1917/中央日韓協會·友邦協會, 1956年 改編復刊), 126쪽 ; 植田捷雄, 《韓國倂合をめぐる國際環境》(アジア·アフリカ 國際關係硏究會, 1967), 64쪽.

써 영국과 프랑스의 지원을 받아 만주에서 미국을 배제한 시기는 태프트 정부가 들어선(1909년 3월 4일) 뒤, 구체적으로는 1909년 12월 14일 국무장관 녹스가 〈만주 제(諸)철도 중립화안(Knox' neutralization proposal)〉을 제의한 이후의 일이다.[20] 대안 교과서에는 녹스의 제의에 대한 기술이 없어 만주에서 미국을 몰아낸 시기가 모호해졌을 뿐만 아니라, '미국 배제'라는 결과를 낳은 원인이 마치 3국협상인 것처럼 읽히게 만들었다.

미국이 밀려난 것은 태프트 정부가 만주에서 상업의 기회균등뿐만 아니라 투자의 기회균등까지 요구함으로써 이 지역의 최대 이해 당사국인 러·일에 일대 위협이 되었기 때문이다. 이는 이른바 '달러외교(Dollar Diplomacy)'라고도 일컬어지는 것으로, 달러를 탄환(彈丸)으로 삼아 일본을 만주에서 뿜어내버리겠다(smoke out)는 방책이었다.[21]

(4) 금성 교과서의 경우와는 달리 대안 교과서는 '병합을 둘러싼 국제정세'라는 제목을 붙여 밀사 사건의 실패 원인만은 비교적 상세하게 기술하고 있다(대안, 77쪽). 그러나 외교 채널을 통해 한국에 황제 니콜라이 2세의 초청장까지 보낸 러시아가 어째서 갑자기 냉담해졌는지 그 원인에 대한 설명이 분명치 않다.

20) P. H. Clyde, *International Rivalries in Manchuria, 1689~1922*(Ohio : Ohio States University Press, 1926), 192쪽.
21) 최문형, 《국제관계로 본 러일전쟁과 일본의 한국병합》, 406쪽.

금성 교과서는 "당시의 냉혹한 국제 정황" 운운했지만 그것이 구체적으로 어떤 것이었는지에 대한 최소한의 설명도 없다. 일반 적으로 헤이그 밀사 사건의 실패 원인은 일본의 방해 공작에 있었 다고 알려져 있지만 그것만이 원인의 전부가 아니었다. 일본에 대 한 러시아의 외교적 지원과 이에 대한 네덜란드의 동조에도 원인 이 있었다.

이 회의 의장인 러시아의 넬리도프가 본국 정부의 내훈(內訓)에 따라 끝내 한국 대표의 회의장 입장을 거부한 이유는 바로 여기에 있었다. 이런 열강 사이의 관계 변화를 우리 대표는 물론 당시의 우리 정부도 알 수 있는 길이 없었던 것이다. 러시아가 태도를 바 꾼 이유만이 궁금했을 수밖에 없다.

이는 전쟁까지 치른 러시아와 일본이 만주에서 이해가 같아짐 으로써 비롯된 결과였다. 영·불이 대독 포위망을 구축하기 위해 일본과 러시아를 자기 진영으로 끌어들여 러일협약을 맺게 한 당 시의 국제 정황이 파생시켜놓은 결과였다.

4. 안중근 의사의 의거와 러시아의 일본 견제

(1) 금성 교과서는 안 의사의 의거를 '의사와 열사들의 항일 투 쟁' 항목에 넣어 불과 3행 정도로 가볍게 기술했다. "연해주에서 의병 활동을 하던 안중근(安重根)은 만주 하얼빈에서 한국 침략의

원흉인 이토 히로부미를 사살하였다(1909). 안중근은 자신의 행위를 한국의 독립 주권을 침탈하고 동양 평화를 교란시킨 자를 처형한 것이라고 밝혔다"는 내용이 전부다(금성, 95쪽).

이 정도는 이미 널리 알려진 내용이다. 그리고 사소한 문제지만 이토를 사살한 장소도 '하얼빈 역두'라고 하는 편이 더 정확했을 것이고, 자신의 '행위'라고 하기보다는 '이 거사를'이라고 표현했으면 더 좋았을 것 같다.

(2) 대안 교과서도 안 의사의 거사를 간략하게 서술했다. 일본의 한국 병합론과 연관시켜 서술한 점만이 다를 뿐이다. 즉, "일본 정부가 한국 병합의 방침을 공식 결정한 것은 1909년 4월이다. 이후 통감을 사퇴한 이토는 1909년 10월 하얼빈(哈爾濱)에서 동양 평화의 대의를 저버린 죄를 묻는 안중근에게 피살되었다. 이후 병합론은 더욱 강화되어 1910년 6월에 도쿄에서 일본 정부와 통감부의 인물로 병합준비위원회가 발족하였다"는 것이다(대안, 76쪽). 이는 한국을 명목적으로나마 존속시키려던 일본의 정책이 안 의사의 의거로 말미암아 병합론으로 바뀌었다는 뜻으로 읽힐 수도 있다. 이는 "안중근 의사의 의거가 한국 병합의 방아쇠가 되었다"는 일본인 학자들의 주장에서 비롯된 이야기처럼 느껴진다.[22] 한국

---

22) 山邊健太郞, 《日韓併合小史》(岩波書店, 1966), 235쪽 ; 森山茂德, 《日韓併合の國際關係》(吉川弘文館, 1992), 70쪽.

병합은 1909년 이토와 가쓰라 수상의 동의를 거쳐 일본 각의가 1909년 7월 6일자로 이미 확정한 사안이다. 일본외교문서가 입증하고 있듯이, 병합은 의거 이전에 이미 확정된 사안이다. 안 의사의 의거 때문에 병합론으로 바뀐 것이 아니다.

(3) 헤이그 밀사 사건을 기화로 일본은 고종을 강압, 1907년 7월 19일 왕위를 순종에게 양위케 했고, 24일에는 정미7조약 체결을 강요함으로써 한국의 내정 전권마저 탈취했다. 그리고 8월 18일에는 한국군 해산마저 서슴지 않았다. 그 결과 한국은 통감의 승인 없이는 어떤 행정 처분도 내릴 수 없는 사실상의 일본 식민지로 전락하고 말았다.

그렇지만 일본은 아직 드러내놓고 병합을 강행하지는 못했다. 국제 정황 때문이었다. 제1회 러일협약의 성립(1907년 7월 30일)으로 러시아로부터 남만주의 이권을 인정받은 것은 사실이지만, 한국 병합에 대해서는 여전히 러시아의 분명한 동의가 없었기 때문이다. 러시아는 한국 문제에 대해 '더 이상의 진전'을 방해하지 않겠다고만 했을 뿐이다.

일본은 이 말이 한국 병합을 의미한다고 했지만, 러시아의 해석은 달랐다. '더 이상의 진전'이라는 말은 포츠머스조약으로 인정한 일본의 한국 보호권에서 약간 더 나가는 정도일 뿐, 한국 병합 승인이 아니라는 주장이었다.

(4) 러시아는 일본이 열강의 용인 한계를 넘으려면 한국 정부의
승인을 받아야 한다고 이미 포츠머스의 〈일로강화회의록(日露講和
會議錄)〉 제2호(1905년 8월 12일 오후 3시 회의)로 남겨둔 상태였다. 요
컨대, 러시아가 일본의 한국 병합을 승인은 하겠지만, 그러기 위
해서는 대상(代償)이 있어야 한다는 의미였다.[23]

따라서 이런 처지에서는 일본이 만주 문제를 둘러싸고 미국과
또 다른 갈등을 벌일 수가 없었다. 이른바 '루트–다카히라협약'
(1908년 11월 30일)은 일본의 이 같은 사정을 배경으로 체결된 것이
었다. 물론 미국도 이 조약에 응해야 할 이유는 따로 있었다.[24]

(5) 1908년 말 현재, 일본에게는 러시아로부터 한국 병합을 확실
하게 보장받는 문제 이외에는 다른 장애가 없어 보였다. 더욱이
일본에게 크게 유리했던 정황은 러시아가 발칸 문제에 발목이 잡
혀 더 이상 아시아에서 일본에게 견제를 가할 여력이 없는 상태
바로 그것이었다.

그러나 이같이 유리해진 상황에서 일본은 예상치 못했던 또 다
른 시련에 직면하게 되었다. 미국에서 태프트 정부가 들어서며 일
본에게 만주에 대한 통상상의 문호개방에 이어 새로이 투자의 문
호개방을 강요한 것이 바로 그것이었다.

---

23) 최문형,《국제관계로 본 러일전쟁과 일본의 한국병합》, 370~371쪽 ; 日本
　　外交文書, 40–1, No. 134, 131쪽.
24) 최문형, 같은 책, 390~393쪽.

따라서 1909년 3월 현재, 일본이 한국 병합을 강행하기 위해서
는 이 걸림돌을 마저 제거해야 할 처지로 다시 몰렸던 것이다.

5. 러일협약을 통한 미국 배제와 일본의 한국 병합

(1) 태프트가 대통령으로 취임하면서(1909년 3월 4일) 미국의 대일
정책은 루즈벨트의 타협 외교와는 달리 반일(反日)로 바뀌었다.[25]
태프트 정부의 문호개방 정책은 미국 자본의 만주 투자 장려를 그
내용으로 하는 것으로서, 이는 통상상의 기회균등으로 한정되었
던 헤이의 그것과는 크게 차이가 있었다.

요컨대, 기회균등의 원리를 투자 면으로까지 확대한다는 뜻이
었다. 만주에 대한 태프트 정부의 외교 정책이 루즈벨트 정부의
그것과 구별되는 점은 바로 여기에 있었다. 그러나 헤이의 문호개
방 요구든, 투자의 기회균등까지 요구하는 태프트 정부의 그것이
든, 미국의 경우는 모두가 경제적 요구를 넘는 것이 아니었다.

(2) 이것은 '남만주의 한국화(Koreanizing South Manchuria)', 즉 남만

---

25) 같은 책, 394~395쪽 ; Raymond A. Esthus, *Theodre Roosevelt and Japan*(Seattle :
University of Washington, 1960) 235~236쪽. 특히 미국 자본의 중국 투자를
주제로 스트레이트(Willard Straight)와 태프트가 나눈 대화는 대통령 취임이
전에 이미 그로 하여금 확고하게 반일의식을 갖게 했다.

주의 정치적 지배가 목적이던 일본의 경우와는 구별되는 것이었다. 그러나 만주 지배를 계획하던 일본으로서는 미국의 의도가 어떤 것이든 간에 용납할 수가 없었다. 이 단계에서 일본은 만주 문제 해결에 앞서 미국의 관심 대상에서 제외된 지 이미 오래된 한국부터 먼저 챙겨야겠다는 생각을 하게 된 것이다.

'한국 보호'에 앞장섰던 고무라 주타로가 다시 '한국 병합'을 주도하고 나선 것은 바로 이런 상황에서 벌어진 일이었다. 1909년 3월 30일 그가 가쓰라 수상에게 제기한 〈대한대방침(對韓大方針)〉 및 〈시정대강(施政大綱)〉이라는 의견서가 바로 그것이다. 그는 여기서 '적당한 시기'를 골라 한국을 병합하자고 건의했고, 병합할 때까지의 한국에 대한 시정대강을 제시했던 것이다.[26]

(3) 다시 말하거니와, 수상에게 제출한 이 의견은 4월 10일 가쓰라와 이토의 동의를 얻어, 7월 6일에 열린 각의에서 일본 정부의 공식 정책으로 확정되었다.[27] 이것이 이른바 '한국 병합에 관한 건'으로 그 요지는 장차 '적당한 시점'을 골라 병합을 단행한다는 것이었다.[28]

그러나 문제는 그 '적당한 시기'가 과연 언제인가 하는 점이었다. 안 의사의 의거로 병합이 당겨진 것처럼 운위하는 것은 사실

---

26) 日本外務省,《小村外交史》(東京 : 原書房, 1966), 834~835쪽.
27) 山邊健太郎, 앞의 책, 223쪽.
28) 日本外務省,《日本外交年表竝主要文書》, 315~316쪽.

을 외면한 이야기다.

고무라가 가장 고심한 것은 '적당한 시기'의 선정이고, 이에 대해 열강이 어떤 반응을 보이느냐가 핵심이었다.[29] 일본의 만주 독점에 대한 미·러의 불만이 어떤 방법으로든 자기들의 한국 병합에 영향을 미칠 것이 분명했기 때문이다.

(4) 그러나 미국이든 러시아든 만주 문제를 가지고 일본에 크게 제약을 가하는 데는 이미 한계가 있었다. 미국은 지리적으로 거리가 너무 멀었고, 특히 러시아는 보스니아 위기에 발목이 잡혀 있었기 때문이다. 그렇지만 일본도 이같이 미·러와 긴장을 고조시킨 것이 거꾸로 이 두 강국에게 제휴의 길을 열어주는 결과를 빚었던 것이다.

이 사태야말로 일본에게는 최대의 고민이자 예상할 수 있는 최악의 시나리오였다. 그런데 이것이 현실로 나타났으며, 더욱이 이것은 일본의 한국 병합에도 곧바로 영향을 미치게 되어 있었다. 일본이 이른바 '간도에 관한 협약'과 '만주 5안건에 관한 협약'을 청국에 강압한(1909년 9월 4일) 것[30]은 바로 이런 정황을 무릅쓴 단안이었다.

이로 미루어 러시아로서는 일본이 조만간 연해주(沿海州)를 비

---

29) 日本外務省, 《小村外交史》, 836쪽.
30) 日本外務省, 《日本外交年表竝主要文書》, 324~326쪽.

롯한 자국의 동아시아령을 위협하게 될 것이라고 의심할 수밖에 없었다. 친일적이던 이즈볼스키 외상조차도 청일협약으로 규정된 길장철도(길림–장춘 간 철도)가 한국 국경으로 연장되는 것에 대해 강한 의구심을 품었다.[31]

(5) 러시아가 일본에 대응하기 위해 미국과 제휴를 적극 추진한 것은 바로 이런 사정에서 벌어진 일이었다. 그 방법은 코코프초프가 동청철도의 미국 매각을 통해 추진하려는 계획이었다.[32] 한편 미국의 태프트 정부도 만주의 장래에 대해 우려하기는 러시아와 다를 것이 없었다. 따라서 러시아의 계획은 만주에서 일본 세력을 '뽑어내려던' 태프트 정부의 대만주 정책과도 완전히 합치되었던 것이다.[33]

여기서 미국은 일본을 따돌리기 위해 러시아를 상대로 구애(求愛) 경쟁을 벌였다. 일본도 이 문제에 관한 한 처지가 미국과 다를 것이 없었다. 이런 상황에서 미·일의 러시아주재 대사가 저마다 이즈볼스키 외상을 찾아가 제휴 공작을 벌이는 경쟁이 벌어졌던 것이다. 따라서 승패는 러시아가 어느 쪽을 제휴 대상으로 택하느냐에 달려 있었던 것이다.

---

31) 日本外交文書, 42−1, No. 315, 338~360쪽.

32) E. H. Zabriskie, *American−Russian Rivalry in Far East, 1895~1914*(Philadelphia, University of Pennsylvania Press, 1946), 148~149쪽.

33) 같은 책, 148~149쪽.

이토의 하얼빈 방문도 코코프초프를 만나서 미국과의 제휴를 차단하고 러·일 앙탕트를 구축하기 위한 거동이었다.[34] 따라서 제2회 러일협약을 위한 일본의 대러 교섭은 이토가 하얼빈을 방문한 1909년 10월에 이미 시작되었다고 말할 수 있다. 그러나 실제 회담은 이토가 안중근에게 사살됨으로써 열리지 못했다.

(6)　이로 미루어 "일본이 명목적으로나마 한국의 독립은 유지하려 했는데, 이토가 사살됨으로써 병합에 가속이 붙었다"는 이야기는 전혀 사실이 아니다. 다시 말하거니와, 고무라가 수상에게 한국 병합 관련 '의견서'를 제기한 것은 1909년 3월 30일의 일이고, 가쓰라와 이토의 동의를 얻어 이것이 일본 각의의 공식 정책으로 확정된 날짜는 같은 해 7월 6일이었다.

이토의 하얼빈 방문은 이로부터 3개월 여 뒤인 1909년 10월 26일의 일이다. 즉, 안중근 의사의 의거 이전에 일본 정부의 한국 병합 방침은 이미 확정되어 있었다. 이토의 하얼빈 행차는 일본 정부가 이미 확정한 한국 병합 방침을 실현하기 위한 준비 작업이었고, 동시에 러시아가 미국과 접근하는 것을 막기 위한 일본의 기도였다.

따라서 "일본 정부가 한국 병합의 방침을 공식 결정한 것은 1909년 4월이다"라는 기술(대안, 76쪽)도 정확한 것이 아니다. 그리

---

34) 최문형, 《국제관계로 본 러일전쟁과 일본의 한국병합》, 404쪽.

고 "미국으로서는 일본이 러시아에 압승하여 만주까지 진출하는 것은 막을 필요가 있었다"(대안, 77쪽)는 기술도 사실이 아니다. 미국의 최초 계획이 그러했을 뿐이다.

개전 4개월 만인 1904년 6월 9일에 루즈벨트는 미국주재 일본공사 다카히라와 가네코 특사를 오이스터만(灣)으로 재차 초빙, 목단강 이북으로는 북상하지 말라고 함으로써 남만주 진출까지는 이미 허용한 상태였다.[35] 미국은 일본의 만주 진출을 막은 것이 아니라, 그들의 만주 '독점'을 막으려 했다고 기술해야 했다.

(7)   당시 일본의 처지에서는 미·러의 제휴야말로 가장 경계해야 할 최악의 사태였다. 이는 한국 병합에도 영향을 미칠 수밖에 없었기 때문이다. 일본이 제2회 러일협약(1910년 7월 4일)을 서둘러야 했던 이유도 바로 여기에 있었다. 이 협약은 먼저 일본이 제의했다. 그리고 러시아도 이에 응할 수밖에 없었다.

러시아는 만주의 기득권익을 수호하기 위해서도 그러했지만, 자국의 동아시아 권익에 대한 일본의 위협이 미국의 그것보다 훨씬 더 심각했기 때문이기도 했다. 더욱이 보스니아 위기에 함입되어 외교의 주관심을 발칸 쪽으로 집중시켜야 할 처지에 놓였던 러시아로서는 불가피한 일이었다.

실상 녹스의 〈만주 제철도 중립화안〉이 제기되자(1909년 12월)

---

35) Raymond A. Esthus, 앞의 책, 43쪽.

러·일의 타협은 급격하게 진전되었다. 제2회 러일협약은 만주 문제에서 양국의 특수 지위를 상호 승인하고, 이 같은 두 나라의 특수 이익을 방위하는 데 충분한 공동 조치를 강구한다는 것이었다.

제1차 러일협약이 미국의 만주 문호개방 원칙에 대한 대응이었다면, 제2차 러일협약은 이른바 '달러외교'에 따른 투자의 기회균등까지 포함하는 미국의 대규모 만주 침투 기도에 대한 반발이었다. 제2차 러일협약은 만주 문제에 대한 두 나라의 최종 합의였다. 이 협약은 일본의 한국 병합에 대한 러시아의 승인을 전제로 한 것이었다.

(8) 제2차 러일협약은 만주 문제와 함께 한국 문제까지 합의한 타결이었다. 그리고 이 협약은 조인에 앞서 동맹국인 영국과 프랑스에 6월 28일과 29일부로 각각 통보되었다.[36] 일본의 한국 병합(1910년 8월 22일)은 이처럼 만주 문제의 진전에 발맞추어 단행되었던 것이다.

일본은 미국의 집요한 만주 침투 공세에 대항하여 영·불의 측면 지원을 받아 러시아와 제휴, 만주 권익을 러시아와 나누어 차지했다. 그리고 그들은 미국을 만주에서 몰아내고, 만주 문제 해결이 분명해지자 비로소 한국 병합을 강행했다.

---

36) 日本外交文書, 43-1, No. 60, 148쪽/No. 62, 148~149쪽 ; Walter V. Scholes and Marie V. Scholes, *The Foreign Policies of the Taft Administration*(University of Missouri Press, 1970), 183쪽.

6. '항일 의병 전쟁'

(1) 금성 교과서는 의병 활동에 대해 무려 6쪽(90~95쪽)이나 할애하여 상세하게 설명하고 있다. 그러나 사실과 어긋나는 과장된 표현이 눈에 띈다. 특히 "일제의 침략을 저지하여 국권을 회복하려던 의병 항쟁은 일제의 식민지 정책에 커다란 타격을 주었다. 일제가 을사조약 후 한국을 완전히 병합하기까지 5년이나 걸린 것은 바로 의병 항쟁 때문이었다"(금성, 94쪽)는 기술이 그것이다.

우선 의병 항쟁이 "일제의 식민지 정책에 커다란 타격을 주었다"는 사실의 과장 여부에 앞서 '용어'의 정확성부터 살펴본다. 식민지 정책은 병합 이후에 시작되는 것이다. 병합 이후의 우리의 저항은 '의병 항쟁'이라기 보다는 '항일 운동'이라고 하는 편이 옳을 것이다.

(2) 특히 을사조약 후 일제가 한국을 병합하는 데 5년이나 걸린 원인이 오로지 우리의 의병 활동에 있었다고 하는 것은 설득력이 없다. 같은 사실을 가지고 일본 학자들은 정반대의 이야기를 하고 있다. 야마베 겐타로는 을사보호조약 체결 이후 일본의 한국 병합은 '기정사실'이라고 했고,[37] 모리야마 시게노리(森山茂德)는 1907년의 시점에서 이는 '시간 문제'라고 쓰고 있다.[38]

37) 山邊健太郎, 앞의 책, 235쪽.

물론 일본은 을사보호조약을 체결하기 무려 1개월이나 앞서 (1905년 10월 17일) 요동에 관동총독부까지 설치한 처지여서 이런 말도 할 수는 있을 법하다. 그러나 일본인 학자들의 과장에도 문제가 있다. '기정사실'이자 '시간 문제'였다면 '보호'에서 '병합'으로 가는 데 어째서 5년이나 걸렸는가 하는 의문이 제기되기 때문이다. 그러나 5년이나 걸린 원인이 오로지 '우리의 의병 항쟁 때문'이라고 할 수는 없다. 이 또한 일본인 학자들 못지않은 사실의 과장이다.

일본 교과서도 사실을 과장한 면이 있지만, 우리 학계에는 애당초 이 시기에 대한 연구 자체가 없다. 그렇다면 일본이 한국 병합을 5년이나 늦출 수밖에 없었던 원인이 오로지 우리의 의병 운동 때문이었을까? 물론 그런 면이 없었다고는 말할 수 없다.

1906년 충청도 유생 민종식과 최익현을 비롯한 각지 유생들의 반일 투쟁은 날로 기세를 더해갔다. 특히 1907년 7월 24일 정미7조약에 이어 고종에게 양위를 강압한(7월 18일) 뒤 한국군 해산마저 강행하자(8월 18일), 병사들의 반일 무장 투쟁을 필두로 한 의병은 마침내 전국적인 규모로 확대되었다. 이 가운데 홍범도 같은 농민 출신의 지도자도 출현했다.

조선주차군사령부(朝鮮駐箚軍司令部)의 통계만 보더라도 우리 의

---

38) 森山茂德, 《近代日韓關係史》(東京大學出版會, 1987), 214쪽 ; 森山茂德, 《日韓併合の國際關係》, 197쪽.

병이 일본 군대나 경찰과 무력 충돌한 횟수가 1907년 7~12월에
는 323회, 1908년에는 1,451회, 1909년에는 898회, 1910년에는
147회나 되었다.[39] "조선인은 강력한 민족적 자각을 가지고 있어
일본 제국주의에 반대하는 조선인의 투쟁은 대만인의 충동적이고
지방적인 반항과는 달랐다. 계통적이고 전 민족적인 것이며 국가
적 독립을 지키고 회복하려는 것이었다."[40]

그렇지만 대청제국을 물리치고 이어 세계적 대육군국인 러시
아까지 패퇴시킨 일본 제국이 이미 국권을 상실한 상태의 한국을
병합하는 데 5년이나 걸린 원인을 오로지 우리의 의병 활동만으
로 설명할 수는 없는 것이다. 2년 이상 힘차게 투쟁을 계속했지만
결국 일본의 증강된 병력에 패하고 말았던 것이다.

한국을 병합하는 데 5년이나 걸린 원인은 종전 직후 러시아의
일본에 대한 복수심 작용, 그리고 일본의 만주 문호개방 약속 위
반에 따른 미국의 대일 압력 때문이었다. 종전 뒤 만·한 문제를 둘
러싸고 일본이 당면했던 최대의 걸림돌은 러시아의 대일 견제와
미국의 압력이었다.

그러나 미국이 일본에 압력을 가한 것은 한국 문제 때문이 아니
었다. 미국은 1905년 10월 24일을 기해 이미 자국의 주한 공사관
까지 자진 철수시킨 상황이었다. 그들의 압력은 만주 문제로 한정

39) 朝鮮駐箚軍司令部 編纂, 《朝鮮暴徒討伐誌》; 山邊健太郎, 앞의 책, 213~214쪽.
40) 井上清, 《日本帝國主義の形成》(岩波書店, 1974), 290쪽.

된 것이었다. 일본이 만주 문호개방 문제를 둘러싸고 미국과 이해가 달라지게 되었기 때문에, 미국이 일본의 한국 병합에 제약을 가했을 뿐이다.

따라서 문제를 한국 병합만으로 한정한다면, 1907년 현재 일본에 끝까지 견제를 가해야 할 나라는 러시아밖에 없었다. 이것이 정미7조약 체결 당시(1907년 7월 24일)의 정황이었다. 여기서 일본이 어제의 적국이던 러시아와 함께 영·불 진영에 들어감으로써 이마저도 해결되는 것 같았다.

대독 포위망 구축을 위해 러·일의 지원이 필요했던 영·불은 두 나라의 화의를 주선하여 제1회 러일협약을 성립시켰던 것이다(1907년 7월 30일). 이른바 '4국 협상(Quadruple Alliance) 체제'의 구축이었다. 제1회 러일협약이란 "러시아가 한국에서 일본이 수행하고 있는 정책을 방해하지 않는다"고 함으로써 포츠머스조약을 재확인한 것이다.

따라서 러시아와는 만주를 둘러싸고 세부 문제만 남게 된 것이다. 바꾸어 말하면, 러시아에 대가만 지불하면 일본의 한국 병합에 반대하지 않을 것이 확실해진 셈이었다. 이 단계에서 한국을 합병할 수 있는 여건은 사실상 모두 갖추어진 것으로 보였다.

이제 합방은 '기정사실'이자 '시간 문제'로 보일 수밖에 없었다. 급진론자 우치다 료헤이(內田良平)도 이토의 신중한 정책을 "시간과 국비의 낭비"라며 통감에 반대할 정도였다.[41] 그러나 이토와 고무라는 여전히 병합을 서두르지 않았다. 이들은 정부 당국자로서

넘어야 할 산이 아직 많이 남아 있다는 사실을 알고 있었던 것이다.

일본으로서는 독·청의 대미 접근을 막기 위한 루트-다카히라 협약 체결 문제가 남아 있었고, 만주에 대한 문호개방과 기회균등 원칙을 투자 면으로까지 확대하려는 태프트 정부의 반일 정책(달러외교)에 대한 대응이 남아 있었다. 그리고 러시아 재무상 코코프초프가 미국과 협력, 만주에서 일본을 몰아내려는 책략을 막는 문제까지 해결해야만 했다.

일본은 최종적으로 러시아와 함께 만주 문제까지 타결지음으로써(제2회 러일협약) 마침내 한국 병합의 야욕을 이룰 수 있었다.[42] 이는 만주 문제에 대한 두 나라의 최종 합의이자 일본의 한국 병합에 대한 러시아의 승인을 전제로 한 것이었다. 바꾸어 말하면, '더 이상의 진전'이 바로 한국 병합이라는 일본의 주장을 러시아가 받아들인 것이다. 그리고 이것은 영국과 프랑스에게 통보되었다.

일본이 한국을 병합하기 위해서는 종전 뒤 만주를 둘러싸고 벌인 러·미와의 갈등을 해소하는 데 상당한 시간을 소비해야만 했다. 만주를 둘러싼 러시아와 미국의 대일 견제가 일본으로 하여금 한국 병합을 5년이나 늦추게 만들었다고 할 수 있다.[43]

---

41) 韓相一,《日韓近代史空間》(日本經濟評論社, 1984), 180쪽 ; 黑龍會 編,《日韓合邦秘史》, 上卷(黑龍會出版部, 1930), 10~11쪽.
42) 최문형,《국제관계로 본 러일전쟁과 일본의 한국병합》, 412~418쪽.
43) 같은 책, 제5장(327~418쪽).

제5장

일제의 식민 통치와 대륙 침략

1. 서설

(1) 대한제국이 종말을 고하고 조선총독부가 한국 통치를 맡은 이상, 일본 정부의 동향과 그들을 둘러싼 국제 질서가 식민지 백성이 된 우리에게도 그대로 영향을 미칠 수밖에 없었다. 1914년의 제1차 세계대전과 베르사유 체제, 1929년의 세계 공황에 따른 일본의 만주 침략, 중일전쟁에 부수된 일본의 군국주의화, 그리고 제2차 세계대전 도발 등이 바로 그것이었다.

 “일제의 식민지 조선 통치는 양국(한·일)을 둘러싼 세계정세, 일본과 그 통치 대상인 조선이라는 세 변수의 상호 관계 속에서 그 내용이 결정되었다.”[1] 그러나 금성 교과서는 이 문제를 ‘일제 식민 통치와 민족의 수난’이라는 두 변수만으로 다루었다(금성, 142쪽, 제3부 제1장의 총설). 그리고 대안 교과서는 일제의 지배 체제를 설명하기에 앞서 합병 이후 제2차 세계대전 패배까지 일본 제국의 군사 팽창 과정을 중점적으로 기술했다(대안, 80쪽).

(2) 두 교과서가 다 같이 세 요소를 중심으로 기술해야 한다는 사실은 인정하고 있지만, 이 세 요소 가운데 어느 것에 더 비중을 두느냐에 대해서는 각기 견해를 달리하고 있다. 따라서 문제의 핵심

---

1) 권태억, 〈일제의 한국병합과 식민통치〉, 한국사연구회 편,《새로운 한국사 길잡이》, 下(지식산업사, 2008), 191쪽.

은 바로 이 요소들을 어떻게 비중에 맞도록 유기적으로 연결·처
리하느냐 하는 데 있다.

우선 금성 교과서의 경우는 그 이전 시대에 대한 기술 방식과는
달리 시대순(時代順)을 무시한 채, 예고도 사전 설명도 없이 돌연
일제 통치기 36년을 하나로 묶어놓고 우리의 항일 투쟁을 위주로
기술하고 있다. 물론 일본이라는 통치 주체보다 우리 민족의 활약
을 우선한다는 취지는 이해할 수 있다. 그렇지만 이 역시 인과관
계에 따른 서술 방법이라고는 말하기 어렵다.

(3) 사건의 시대순을 도외시한 기술은 역사 교과서로서 요건을
갖추었다고 할 수 없다. 일제 통치기 36년을 그들의 통치 정책의
변이에 따라 무단정치기(1910~1919년), 문화정치기(1919~1929년),
대륙 침략의 시작(1929~1937년), 대륙 침략의 본격화(1937~1945년)
로 나누어 그에 따른 우리 민족의 대응을 나누어 서술하는 것이
합리적이라는 요지다.

요컨대, 일제 통치기를 네 시기로 구분하되, 이상의 세 요소에
따라 기술하는 것이 역사 이해에 편리할 것이다. 그렇지 않고서는
인과관계가 드러나지 않아서 역사가 사건 나열로 그칠 것이기 때
문이다. 즉, 각 시기마다 국제 정황과 그에 따른 일제의 통치 정책
의 변이(變異) 그리고 그에 대항한 우리 민족의 저항을 차례로 서
술해야 한다는 뜻이다.

(4) 우선 '러일전쟁과 일제의 통감부 설치'는 '일본의 식민 지배' 이전의 사건들이다. 그런데 금성 교과서는 이 시기의 사건을 어째서 일본의 한국 병합 편에 넣어 한꺼번에 기술했는지 의문이다. 그리고 3·1 운동을 언급하기도 전에 '전쟁 동원과 군 위안부 징용'과 같은 제2차 세계대전 시의 문제를 언급하고 있다. 역사에서 시기를 혼동하면 학습의 효과가 떨어지게 된다.

'일제의 식민 통치와 민족의 수난'에 관한 서술을 시작하며 총설로서 당시의 세계 정황 등 시대 배경을 설명한 것까지는 무리가 없다. 그러나 제3부 제1장(142~165쪽)을 제외하고 제2장에서 제5장까지(166~244쪽) 모두 항일 투쟁사로 일관하고 있다.

바꾸어 말하면, 총 103쪽의 근대사 기술 가운데 24쪽을 제외하고는 모조리 항일 투쟁사 일색이라는 것이다. 일제 강점기라는 특이한 시대 상황이라고는 하지만, 교과서가 '시기'를 분명히 밝히고 인과관계에 따른 설명을 하지 않는다면 한낱 옛날이야기가 되고 만다. 정황 변화와 우리의 투쟁을 별도의 항목으로 분리 기술해서는 안 되는 이유가 바로 여기에 있다.

2. 조선총독부의 무단정치:망명과 비밀 결사

(1) 일제가 우리 민족을 지배한 이상, 그들의 통치 양식은 우리 생활의 구석구석까지 그 영향을 미칠 수밖에 없었다. 그들이 조선

지배를 시작하며 총독부를 개설한 것은 모두 아는 바와 같다. 이후 3·1 운동까지 약 10년 동안의 지배 형태가 바로 이른바 무단통치(武斷統治)였다.

병합과 함께 조선통감(육군대신 겸임)에서 조선총독으로 취임한 데라우치 마사다케(寺內正毅)는 '천황' 직속으로 조선의 입법·사법·행정권은 물론 군사권까지 장악했다. 그가 착수한 첫 작업이 모든 정치 결사(結社)의 해체, 언론 탄압 등을 내용으로 하는 이른바 '헌병정치(憲兵政治)'라고 일컬어지는 것이었다.

이는 군사 경찰과 보통 경찰을 동일 조직으로 한 일종의 '변태 체제'였다. 그 목적이 대륙 침략을 위한 준비에 있었다고는 하지만, 그 주목적은 어디까지나 "조선 민족의 항일 투쟁을 진압하기 위한 것이었다." 그들의 대륙 침략을 위해서는 한국 땅을 전초 기지로 이용해야만 했고, 그러기 위해서는 한국 통치의 안정이 필요했기 때문이다.

이는 "무단주의를 가지고 만난(萬難)을 물리쳐라. 준비와 압력이 없다면 병합의 위업을 흔들림 없이 무사 감행할 수 없다"는 〈조선경찰예규취(朝鮮警察例規聚)〉로도 입증된다. "철저한 탄압 일변도였다."[2] 1910년 12월 15일 제령(制令) 제10호로 공포된 〈범죄즉결령〉이 이를 입증해준다.

---

2) 山邊健太郎, 《朝鮮·中國の民族運動と國際環境》(巖南堂書店, 1967), 101쪽 ; 姜德相, 〈憲兵政治下の朝鮮〉, 《歷史學硏究》, 제321호, 1쪽.

⑵　즉, 일본의 조선 통치는 대만의 경우와는 달리 언제나 군사적·정치적 목적을 우선했다. "오랜 역사와 독자적 민족문화에 따른 강한 민족적 자각을 가진 조선인의 반일 투쟁이 필연적으로 예견되었기 때문이다. 재론하거니와 조선인의 경우, 대만인의 충동적이고 지방적인 반항과 달리, 계통적이며 전 민족적으로 국가적 독립을 지키고 또 회복하려 했기 때문이다."[3]

따라서 일제로서 이의 진압은 조선 통치의 시급한 선결 과제였다. 이는 러일전쟁 당시 러시아의 후방 교란을 주도했던 첩보와 모략의 귀재 아카시 모도지로(明石元二郞)를 헌병사령관으로 임명, 그 임무를 맡긴 사실로도 짐작할 수 있다.

조선의 경찰관 수는 1910년에 5,963명이었다. 육군대신 겸 조선 총독의 지휘 아래 있는 헌병이 2,019명이었고, 헌병 1인당 3명의 헌병 보조원을 두고 있어 그 수가 자그만치 6,000명을 넘었다. 헌병사령관이 총독부 경무총장을, 헌병대장이 각 도의 경무부장을 겸임하여 경찰 기구 전체를 헌병대의 지휘 아래 두었다. 이들이야말로 조선 민족을 제압하기 위한 무력이었고 동시에 중국 침략의 선봉 부대였다.[4]

⑶　이어 총독부는 식민지 경영을 위한 토대를 재빨리 구축해갔

---

3) 井上淸, 《日本帝國主義の形成》(岩波書店, 1974), 290쪽.
4) 같은 책, 290~291쪽 ; 姜德相, 앞의 글.

다. 1911년 11월 1일에 시행된 〈조선교육령〉은 동화 정책을 위한 첫걸음이었다. 이에 따르면, 초등(공립보통)학교 과정에서 조선의 지리와 역사를 가르칠 수 없게 한 대신, 수신(修身)과 일본어 교육을 의무화함으로써 한국인을 '충량(忠良)한 일본 제국 신민'으로 육성하려 했다.

이야말로 "조선인의 민족성과 민족어·민족문화 말살을 꾀한 것이었다." "그러나 조선인은 총독부가 세운 공립학교보다는 외형과 설비는 빈약하지만 민족적 내용에 충실한 그들 자신의 사립학교나 '서당(書堂)'이라고 일컬어지는 숙(塾)을 택하는 경우가 많았다."[5]

그리고 일본은 병합 이전의 통감부 시절부터 '동양척식회사'라는 반관반민의 국책 회사를 설립(1908년), '토지조사'의 준비 작업을 해왔고, 병합 후 1912년 8월 13일에 총독부는 이른바 〈토지조사령〉이라는 것을 공포했다. "이는 농민에게 신고를 통해 토지의 자기 소유권을 확인케 하는 데 목적이 있다"고 했지만, 실은 농민의 토지 수탈이 목적이었다.[6]

"원래 토지 사유 제도가 분명하게 확립되어 있지 않았던 당시 한국의 사정으로 미루어 경작자가 수속이 복잡한 경지(耕地)의 '소유'를 증명하기는 쉽지 않았다. 더구나 조선총독이 정한 기한 내에 소유권 신고 의무를 마치도록 정한 조치는 농민들을 더욱 당혹

---

5) 井上淸, 같은 책, 292쪽.
6) 같은 책, 같은 곳.

케 했다. 결국 총독부 조사관이나 면장 또는 지주 대표가 대신 신고하게 되었던 것이다.”[7]

“결과적으로 이것은 구관료들의 토지 수탈에 대한 법적 공인과도 같이 되었다.” 즉, 구관료 귀족의 봉건적 점유지를 근대적 소유지로 확인시켜준 것이고, 조사관이 ‘사유’를 증명할 수 없는 토지를 결국 ‘관유지’로 바꾼 조치였다. 임야의 사적 소유(私的所有)는 경지의 그것만큼도 되어 있지 못한 처지여서 조선의 임야 총면적 1,580만 정보 가운데 770만 정보가 관유로 되었다.[8]

1910년 12월 29일에 공포한 〈회사령(會社令)〉도 〈토지조사령〉과 궤를 같이 하는 것이었다. 조선에서 회사를 설립하기 위해서는 총독의 허가를 받아야 했다. 그리고 일단 설립을 허가한 회사에도 총독은 사업 정지와 폐쇄를 명할 수 있었다. 이는 조선의 민족 자본 성장을 억제하고 일본 자본의 한반도 진출을 추진하기 위한 조치였다.

이에 따라 조선인의 회사 설립은 제약을 받게 되어 1911년에 740만 엔이던 조선인의 회사 자본은 1917년에도 거의 같은 액수였던 것과 달리, 일본의 회사 자본은 이 기간에 1,050만 엔에서 9,500만 엔으로 급증했다.[9]

“일본 제국주의는 상품 시장으로서 조선을 완전히 독점했지만

---

7) 같은 책, 같은 곳.
8) 같은 책, 293쪽.
9) 같은 책, 294쪽.

이를 더욱 성장시키는 일은 하지 않았다. 조선의 대일 수출은 금액으로는 해마다 증가한 것이 사실이지만 그것은 일종의 '기아수출(飢餓輸出)'이었다"는 것이 일본인 학자 이노우에 기요시(井上淸)의 결론이다.[10]

조선의 최대 수출품이던 쌀의 생산고는 1908년에서 1912년까지 5개년 평균을 100으로 할 때, 1919~1921년의 3개년 평균은 130으로 증가했고 대일 수출도 격증했다. 그렇지만 이에 반비례하여 조선에서 1인당 연간 쌀 소비고는 1912년까지 5개년 평균 72.2승(升·되)에서 1921년까지 3개년 평균 67.2승으로 약 7퍼센트가 감소했다.[11]

(4) 무단정치에 대한 이 같은 일본인 학자의 기술로 미루어볼 때 대안 교과서는 식민지 근대화론을 일부러 강조하려 한 것 같은 느낌마저 든다. '조선민사령'·'토지조사사업'·'임야조사사업'·'산미증식계획' 등에 대한 기술이 특히 그러하다(대안, 84~87쪽). 그렇지만 저자는 이것들 외에 대안 측의 설명이 사실에 어긋난다는 또 다른 통계를 발견하지는 못했다. 있다면 앞서 말한 이노우에의 것이 전부다.

그렇지만 헌병 경찰을 전면에 내세워 한국인의 민족적 저항을

---

10) 같은 책, 295쪽.
11) 같은 책, 295~296쪽 ; 農商務省, 《食糧調査資料》, 第1號(1922), 米穀統計.

탄압한 것이 일제의 '무단정치'였다. 그리고 그 치하에서 실시된 식민 통치의 경제적 기반 구축을 위한 그들의 조치가 바로 이 같은 여러 사업이었다. 의문은 바로 여기서 비롯된다.

특히 대안 교과서의 '토지신고'라는 박스 기사는, 보기에 따라서는 일제의 무단정치를 변호해주려고 한 것 같은 느낌마저 든다. 이에 따르면, "토지조사사업에 의해 소유권이 사정된 토지는 전국적으로 총 1,910만 7,520필지에 달했다. 그 가운데 소유자의 신고대로 소유권이 사정된 것이 1,900만 9,054필지로 99.5%의 절대다수를 차지했다. 그 반면에 무신고지로 국유지로 편입된 것은 주로 분묘지나 잡종지였는데, 도합 8,944필지(0.05%)에 불과하였다"고 한다(대안, 85쪽).

그렇다면 총독부가 내놓은 이 통계를 과연 믿을 수 있을까? 대안 측은 무신고지가 전체 토지의 40퍼센트에 달해 총독부가 국유지로 몰수했다는 기존의 주장은 원래 근거가 없다고까지 기술하고 있다. 그렇다면 총독부 통계 이외에 이것이 사실이 아니라는 또 다른 통계는 없을까?

이노우에는 자세한 통계는 제시하지 않았지만 당시의 한국 사정에 비추어 신고 방법의 무리함과 그 신고 강행의 목적은 분명하게 밝혀놓았다. 물론 식민지 지배의 긍정적 측면이 전혀 없었다고까지는 할 수 없지만, 총독부의 통계만을 근거로 식민 통치의 근대성을 강조할 수는 없다는 것이 저자의 생각이다.

(5) 원래 통계란 그 수치가 누락되는 경우도 있을 수 있고, 때로는 그 작성자의 필요에 따라 증감되는 경우도 흔히 있다. 서양 경제사에서도 이런 사례는 얼마든지 있다. 역사는 통계만을 가지고 규정할 수는 없다. '무단정치' 아래에서 이 같은 통계를 근거로 역사를 규정할 수는 더더욱 없는 일이다.

"조선총독부는 '토지조사사업'·'회사령' 등을 강압, 준비를 갖춤으로써 식민지 조선을 상품 시장으로, 원료·식량 조달의 장으로, 그리고 자본 투하의 장으로, 저임금 노동력 확보의 장으로 그 재생산 체계 속으로 본격적으로 짜 넣으려 했다"는 가지무라(梶村秀樹)를 비롯한 일본인 학자들의 견해가[12] 오히려 훨씬 더 설득력이 있다는 생각이다.

(6) 대안 교과서는 "(총독부의) 산미증식계획의 결과 수리시설을 갖춘 논이 증가하였다. 종자 개량… 화학비료의 투입량이 크게 늘었다. 그 결과 쌀 생산량이 증가하였다.… 1910년대 후반에 비해 1930년대 연평균 쌀 생산량은 700만 석가량 증가했는데, 그 가운데 570만 석이 일본으로 수출되었다"고 기술하고 있다(대안, 87쪽).

"쌀의 생산이 늘어난 데는 쌀값이 다른 물가보다 더 많이 올랐다는 시장 요인도 중요하게 작용하였다"며 이 계획이 성공했음을

---

12) 梶村秀樹, 〈朝鮮の社會狀況と民族解放鬪爭〉,《岩波講座世界歷史》, 27(岩波書店, 1971), 242쪽.

시각을 바꾸어가며 강조하고 있다(대안, 87쪽). 더욱이 산미증식계획은 3·1 운동 이후의 일로서, 무단정치기의 농민의 처지를 이해하는 전거가 될 수 없는 것이다.

물론 전쟁 기간 중에 식량 가격이 오르는 것은 당연한 일이다. 이는 세계적인 추세라고도 할 수 있다. 그러나 전쟁이 끝나면 식량 가격은 수요의 감소로 말미암아 떨어질 수밖에 없게 된다. 종전 이후 하락하기 시작한 쌀값이 이누가이(犬養) 집권기(1931년 12월~1932년 5월)에 이르러 결국 파국에 이르게 되었음은 널리 알려진 사실이다.

(7) 그럼에도 쌀값 폭락에 따른 한국 농민의 비극에 대한 언급은 한마디도 없다. 당시는 미국 농민들도 농산물 값이 떨어져 농산물 값이 비쌀 때 농지를 더 매입하려고 은행에서 돈을 빌렸다가 이를 갚지 못하여 파산하는 경우가 속출하던 세상이었다.

한국 농민의 경우도 수리 사업과 토지 개량을 위해 빌린 돈을 갚을 길이 없어 토지 상실로 이어졌고, 결국 이것이 일본인 지주에게 토지가 집중되는 계기로 이용되었다. 통계도 물론 중요하지만, 그에 앞서 당시의 시대 배경과 경제적 여건도 함께 고려해야만 한다는 것이 저자의 생각이다.

즉, 일본의 식민지 경제 정책은 조선의 농촌을 해체하고 금융조합과 일본인 지주의 지배 아래 이를 재편성, 소농을 고경(苦境)으로 몰아넣었던 것이다.[13] 그 최대의 일본인 지주가 바로 동척(東

拓)이었다. 총독부 정책의 포악성은 통계를 앞세워서 가려놓고, 그 근대적 측면만을 부각시켜서는 안 된다. 이 역시 역사의 전체상에 대한 이해를 가로막는 요인이기 때문이다.

(8) 이 시기 일제의 조선 농민 착취상은 어떤 통계나 논리로도 변호될 수가 없다. 나석주(羅錫疇) 의사의 의거가 바로 그 사실을 반증해준다. 그는 망명지 상해에서 한국으로 잠입, 1926년 12월 28일에 조선식산은행과 동양척식회사에 폭탄을 투척했다.[14] 그가 황해도 재령의 농민이고 그의 목표가 동척이라는 사실이 총독부 정책의 포악성을 한마디로 웅변해준다.

3. 3·1 독립운동과 '문화정치':우리 민족의 대응

(1) 제1차 세계대전은 1914년 7월에 발발하여 1918년 11월에 종전협정으로 끝난 4년 4개월에 걸친 전쟁이었다. 이노우에 가오루(井上馨)의 언급(1914년 8월)을 통해서도 알 수 있듯이, "대전은 일본 정부에게는 그야말로 열강으로서 두각을 나타낼 수 있는 절호의 기회였다." "대전이야 말로 기회만 있으면 일본을 고립시키려던

---

13) 같은 글, 245쪽.
14)《동아일보》, 1927년 1월 3일자 호외. 사건 이후 총독부의 게재 금지가 이 날 짜로 해제되었기 때문에 보도가 늦어졌음을 아울러 밝히고 있다.

구미의 추세(趨勢)를 일소할 수 있는 하늘이 도운 기회였다"는 것이다.[15]

반면 한국인들은 윌슨의 이른바 '14개조' 연설(1918년 1월)의 '민족자결' 원칙에 고무되어 이듬해 1월의 파리 강화회의에서 독립 승인의 이상을 실현시키려 했다. 그러나 윌슨의 이상주의가 강화회의에서 전쟁의 고통을 직접 겪은 영·불에 의해 받아들여지지 않았음은 널리 알려진 일이다.

강화회의는 영·불이 독일에게 1,320억 마르크의 천문학적인 배상금을 일방적으로 덮어씌운 그야말로 '강압된 평화(dictated peace)'였다. 윌슨의 민족자결주의는 패전국이 소유했던 식민지에만 적용되었을 뿐, 전승국의 식민지에는 혜택이 돌아가지 않았다.

독일과 소련에 대한 방파제가 될 수 있도록 중부 유럽과 발칸반도에 몇 개의 신생 독립국을 탄생시킨 것이 고작이었다. 전승국 일본의 식민지였던 우리나라가 그 혜택에서 제외되었음은 재론의 여지가 없는 것이다.

(2) 그럼에도 금성 교과서는 파리 강화회의에서 전승국을 설명하며 "미국이나 일본과 같은 전승국"이라는 수식어를 붙여가며

---

15) 渡邊利夫,《新脫亞論－東アジア危機の日に備え,日本の近現代史を'再編輯'する》(東京 : 文藝春秋, 2008), 208~209쪽. 일본은 재빨리 독일에 선전을 포고하고(8월 23일), 청도(靑島) 공략에 이어 교주만 및 청도·제남 간 철도를 점령했으며, 다시 남양의 독일령 여러 섬을 일거에 점령해버렸다.

이 두 나라가 마치 전후 처리를 주도하여 이권을 독점한 것처럼 기술하고 있다(금성, 170쪽). 강화회의가 미·일이 아니라 영·불에 의해 주도되었다는 사실은 역사 전공자라면 이미 상식으로 알고 있는 일이다.

물론 제1차 세계대전의 전쟁터가 유럽이었기 때문에 구미 열강의 전투 행위가 유럽에 집중될 수밖에 없었고, 그럼으로써 일본이 아시아의 군사적 공백을 기회로 이용할 수 있었던 것은 사실이다. 그리고 대전의 전화(戰禍)에서 벗어난 일본과 미국이 대전에 따른 정치·경제적 이익을 누리게 됨으로써 융성하게 된 것 또한 의문의 여지가 없다.

특히 미국이 전략 물자의 공급 기지가 되어 세계 패권국으로 등장한 것 역시 사실이다. 대전 후의 총체적인 세력 판도는 분명히 이렇게 크게 바뀌었다. 그러나 그렇다고 해서 파리 강화회의가 미국과 일본에 의해 주도된 것은 결코 아니다. 파리 강화회의를 주도한 나라는 영국과 프랑스였다.

윌슨의 '무배상'·'무병합' 원칙을 무시하고, 영·불은 패전국 독일의 해외 식민지를 몰수하여 국제연맹의 '위임통치령'으로 만든 뒤 이를 사실상 자기들의 영토로 분배했다. 윌슨의 이상론은 영국과 프랑스에 의해 따돌림당했고, 일본은 아직 강화회의를 주도할 수 있는 중심 세력까지는 되지 못한 상태였다.

(3) 금성 교과서는 일제가 1940년에 우리말 신문을 폐간시키는

상황을 기술하면서 《동아일보》를 가리켜 "이미 친일 언론으로 변질된"이라는 수식어를 붙였다(금성, 154쪽). 당시는 일본이 태평양 전쟁을 도발하기 직전의 극한 상황이었다.

창씨개명도 1939년 11월에 공포하여 1940년 2월에 시행에 들어갔다. 당시는 자원 고갈이라는 막다른 골목에 몰린 일제가 더 깊은 전쟁의 늪 속으로 빠져들면서 그야말로 말기적 발악을 부리던 시기였다. 당시의 시대 상황에 대한 좀더 진지한 인식이 필요한 것 같다.

(4) 반면 대안 교과서는 "한국인 언론은 총독부의 감시를 받으면서도 민족운동을 부추기고 민족이념을 보급하는 데 큰 역할을 하였다"고 기술하고 있다(대안, 121쪽). 당시의 시대 상황에 대한 인식을 둘러싸고도 두 교과서는 이처럼 내용을 달리하고 있다.

권태억은 "언론·집회·결사의 권리가 제한적으로나마 허용된 것도 일제의 의도와는 상관없이 3·1 운동이라는 투쟁을 통해 획득한 권리"라고 언급하고 있다. "이 새로운 공간을 이용하여 《동아일보》와 《조선일보》 등 조선어 신문이 창간되었다"[16]는 것이 그의 견해다. 이는 일제의 말기적 발악 상태 아래에서 특정 사건 몇 가지를 근거로 전체를 평가할 수는 없음을 시사해주고 있다.

16) 권태억, 앞의 글.

(5) 3·1 운동과 관련된 문제는 이 밖에도 여럿 있다. 물론 미국 정부도 자기들과 현실적인 이해관계가 없는 한국 문제 때문에 일본과 관계를 악화시키는 사태는 바라지 않았을 것이다. 일본은 개전과 더불어 독일 지배 아래 있던 산동반도와 남태평양에 신속하게 병력을 출동시켜 그 세력이 이미 태평양의 지배권을 둘러싸고 미국에도 위협을 가할 수 있을 만큼 강국이 된 상태였다.

즉, 일본은 전후 세계 질서에 대한 일정 한도 안에서 발언권을 확보한 상태였다. 3·1 운동은 바로 이런 시대 배경 아래에서 일어난 사건이었다. 이를 기화로 우리가 상해에서 대한민국 임시정부를 수립한 것은 우리 민족의 독립 의지가 살아 있음을 과시한 위업이었다.

"더욱이 공화국을 내용으로 하는 임시헌법을 만들고, 임시내각을 구성한 후 독립운동을 전개한 데서 그 의의가 평가되고 있다. 이는 세계적으로도 그 유례가 드문 사례"라는 것이다(3·1 운동 100주년 기념학술대회).

(6) 임시정부의 저항 전략은 백암 박은식(白巖 朴殷植)과 단재 신채호(丹齋 申采浩)에 의해 주도되었다. 임시정부의 '독립외교론'은 바로 백암의 비폭력 저항 전략과도 일치하는 것이었다.[17]

당시 해외에 있던 대한인국민회(미국)·신한청년당(상해)·대한

---

17) 朴成壽, 《韓國近代史의 再認識》(東亞學研社, 1982), 204~205쪽.

광복군정부(만주) 등과 국내의 민족지도자들은 김규식(金奎植) 등을 대표로 파리로 파견, 윌슨에게 청원서를 제출하고 독립을 호소했다. 그렇지만 이것은 받아들여지지 않았고, 몇 년 동안의 국제 회의에서 한국의 독립 문제는 모두 제외되고 말았다.

(7) 이처럼 '독립외교론'의 현실적 한계가 명백하게 드러나자 백암의 비폭력 저항 전략 대신 '폭력만이 독립을 이룰 수 있는 지름길'이라는 단재의 '조선혁명선언'이 힘을 얻게 되었다. 당시 파리 강화회의는 사실상 전승 제국주의 열강 사이의 노획물 분배를 위한 거래 장소처럼 되어 있었다.

여기서 일본이 영·미·불과 권익 분배를 둘러싸고 대립을 벌이기 시작했던 것이다. 그렇지만 그 갈등이 결정적으로 드러나게 된 것은 신흥 미국이 주도한 1921~1922년의 이른바 워싱턴 군축회의(해군군축조약[18]과 중국에 관한 9개국조약[19])를 통해서였다.

그러나 이것 역시 아시아·태평양을 둘러싼 또 다른 이해 조정 회의에 지나지 않았다. 여기서 구미 열강은 러일전쟁 이후 일본이 중국에서 추구해온 침략 전쟁에 종지부를 찍으려는 듯한 태도를

---

18) 이는 1922년 2월 6일의 '해군군비제한에 관한 워싱턴 조약'으로, 여기서 미·영·일·불·이에 대한 주력함의 보유 톤수 할당 비율을 각각 5, 5, 3, 1.75, 1.75로 정했다. 태평양에서 일본 해군력 증가를 저지하는 것이 미국의 의도였다.
19) 이는 1921년 2월 6일에 조인되었는데, 중국의 주권 존중, 영토 보전, 기회균등을 보장하기 위한 조약이었다.

비로소 보였다.[20]

대전 중에는 표면화하지 않았던, 중국을 둘러싼 미·일 간 및 영·일 간의 대립이 드디어 드러난 것이다. 그리하여 미국과 영국은 이제 대일 공세를 강화해나가게 되었던 것이다.

(8) 이 결과 일본은 제국주의 세계에서 어느 한 나라의 동맹국도 갖지 못하는 상태로 빠지게 된 것이다. 그야말로 고립의 시작이었다. 그러자 한국 독립운동가들은 장소를 미국으로 옮겨 서재필 등을 중심으로, 새로 발족한(1921년) 공화당의 하딩 정권을 상대로 청원 활동을 계속했다.

당시는 미국도 일본의 대륙 진출 등 지나친 팽창을 견제해야 할 처지였다. 대전 이후 영국을 압도하는 채권국이 된 미국으로서는 이제 동아시아·태평양의 안정된 국제 질서 구축이 필요하게 되었다. 그렇다고 해서 그들이 일본과 마찰을 무릅쓰며 한국인의 청원을 받아들여야 할 이유는 없었다. 이미 한국에 대한 이해관계가 없어진 상황에서 일본을 자극할 필요가 없었기 때문이다.

따라서 한국인에 대해 미국이 표시한 것은 일정 한도 안에서의 동정심밖에 없었다. 한국에 와 있던 그리스도교 선교사들이 한국인에게 보인 인도적 입장에서의 동정이 바로 그것이었다.

---

20) Harold M. Vinacke, *A History of the Far East in Modern Times*(Croft & Co., 1941), 502쪽.

(9) 미국 정부로서는 한국 문제에 관여할 생각이 없었고, 또 사실상 관여할 필요도 없었다. 미국은 오로지 중국 이권이 일본에 넘어가지 않도록 저지하고, 태평양에서 일본 해군력이 더 이상 우세해질 수 없도록 하는 데 관심을 집중할 뿐이었다. 미국이 전력을 다해 영·일 동맹을 폐기시키려 했던 원인도 바로 여기에 있었다.

당초 러시아에 대적하기 위해 성립된 영·일 동맹은 이제 이른바 '4국 동맹'의 성립(1921년)과 동시에 해체되게 마련이었다. 영국과 일본의 해군력을 합치면, 미국 해군력을 능가함은 물론 여타 열강의 해군력을 모두 합친 전력보다도 오히려 더 우세하기 때문이었다. 미국으로서는 이를 절대로 용납할 수가 없었던 것이다. 일본의 고립 시대는 이를 기화로 지속될 수밖에 없었다.

4. 일본의 대륙 침략과 한국 병참 기지화

(1) 1차 세계대전의 혼란을 겪은 세계는 미국의 주도 아래 일단 안정기에 접어들었다. 그렇지만 1929년 10월 뉴욕 증권거래소의 주가 대폭락을 계기로 세계는 다시 경제 공황의 물결 속에 휘말렸다. 과잉 생산에 따른 현상으로 설명되고 있는 공황은 결국 구매력 증가의 템포가 생산력 증가의 그것을 뒤따르지 못한 데서 비롯된 것이었다.

이런 현상은 미국과 일본처럼 자본주의 생산이 전후에 두드러지게 발달한 나라에서 특히 심각했다. 이에 미국의 투자를 통한 독일 경제 부흥을 중심으로 짜여진 국제 경제 기구는 공황에 따라 독일이 배상 능력을 상실하며 결국 붕괴될 수밖에 없었다. 여기서 각국은 제각기 나름의 살길을 모색하게 되었던 것이다.

(2) 이 상황에서 일본이 채택한 해결책은 만주 침공이었다(1931년 9월 18일). 그들은 만주 침략과 그에 따른 군수경기(軍需景氣)를 부추김으로써 우선 공황 탈출의 출구를 찾으려 했다. 전단은 관동군의 일부 장교들이 주도하여 봉천(심양) 교외 유조호(柳條湖)의 만주 철도를 폭파함으로써 열렸다.

그리고 그들은 이것이 군벌 장학량(張學良)의 소행이라며 그들의 병영인 북대영(北大營)을 점령한 뒤, 만주철도 전 연선의 도시를 차례로 점령해버렸다.[21] 그러나 일본 군부 수뇌 가운데 아무도 이 같은 관동군의 독주를 막지 않았다.

그리고 이들이 만주 대부분을 점령한 뒤, 이누가이 쓰요시(犬養毅) 내각의 지지를 받아 청나라 마지막 황제 부의(賻儀)를 내세워 1932년 3월 1일에 이른바 '만주국(滿洲國)'이라는 이름의 괴뢰 정권을 세웠다.

일제의 만주 침공은 물론 만주를 식민지로 만드는 데 주목적이 있었지만, 이를 위해서는 그들의 한국 지배를 더 공고히 할 수밖

---

21) 渡邊龍策, 《近代日中政治交涉史》(三喜堂印刷所, 1978), 201쪽.

에 없었다. 이 사실은 만주 침공의 주 계획자였던 이시와라 간지(石原莞爾)와 실행 책임자였던 이다가키 세이시로(板垣政四郎)도 분명하게 인정하고 있다.[22]

만주를 식민지로 만들기 위해서는 먼저 한국 지배를 더 공고히 해야 할 필요가 있었음은 재론의 여지가 없는 일이었다.

(3)　이는, 군부에 의해 시작된 것은 사실이지만, 일본의 침략 전쟁임이 분명했다. 이것은 국제 체제에 대한 최초의 파괴 행위였고, 새로운 국제 항쟁의 시작을 의미하는 사건이었다. 중국 정부는 이를 국제연맹에 제소했고, 이에 연맹은 리튼 조사단(Lytton Commision)을 파견하여 만주로부터 일본의 철수를 권고했다.

그리고 연맹 임시총회는 1933년 2월 24일 일본에 대한 만주 철퇴 권고안을 압도적 다수(42 대 1)로 가결했다. 그러자 일본 대표 마쓰오카 요스케(松岡洋右)는 연맹 탈퇴를 선언하며 이에 맞섰다. 이것은 국제 여론에 대한 일본의 노골적인 역행이었다.

이후 일본은 워싱턴 조약을 단독 폐기하고(1934년 12월) 이어 런던 군축회의 이탈까지 통고해버렸다(1936년 1월).[23] 이는 침략으로 전면 돌진하겠다는 일본의 선언이었다.

---

22) 姜東鎭, 《日帝의 韓國侵略政策史》(한길사, 1980), 361~363쪽.
23) 런던 군축 조약은 워싱턴 군축 조약에 따른 주력함 건조 제한에 이어 보조함의 건조를 제한하기 위해 1930년 4월에 조인한 것이다.

(4) 이에 발맞추어 일본 내부에서는 1936년에 과격파 청년 장교들의 쿠데타가 일어났다. 이른바 '2·26 사건'이 그것이다. 당시는 이누가이 수상의 대중국 화해 방침에 반대하여 이들 청년 장교들이 1932년에 이른바 '5·15 사건'을 도발, 그를 살해함으로써 일본의 정당 정치가 이미 종말을 고한 상태였다.

따라서 1936년 현재로 일본의 정책 결정권은 완전히 육군에 귀속되고 말았다. 이는 현역 대장이나 중장이 육군대신이 되는 제도로, 내각 구성에서 군부가 거부권을 행사할 수 있도록 한 이른바 '군부대신현역무관제(軍部大臣現役武官制)'를 통해서였다.

(5) 이처럼 일본의 대외 침략이 본격화함에 따라 우리의 대일 투쟁 방식도 달라질 수밖에 없었던 점을 강조해야만 했다. 그런데 우리 교과서들은 이런 방식을 택하지 않았다. 우리의 대일 항쟁에 대한 설명만 장황하다. 세계 정황이나 원인 제공자인 일본의 동태에 대한 언급이 거의 없기 때문에 인과관계가 분명치 않게 되었다는 것이다.

5. 일본의 중일전쟁 및 태평양전쟁 도발

(1) 일본의 대중(對中) 전면 전쟁 도발로 중국 국민의 항일의식이 크게 고조되었음은 이미 널리 알려진 바와 같다. 항일의식이 본격

화한 계기는 이른바 서안사건(西安事件, 1936년 12월)이었고, 이것은 노구교 사건(盧溝橋事件, 1937년 7월 7일)을 거치며 마침내 제2차 국공합작(1937년 9월 23일)으로 이어졌다.

본래 장개석(蔣介石)의 기본 전략은 먼저 국내의 안정을 공고히 한 뒤에 외세에 대항한다는 이른바 '안내양외(安內攘外)'였다. '대장정(大長征, 1934년 10월)'이라 불리는 공산당 주력이 섬서성 연안(陝西省 延安)으로 서천(西遷)한 것도 바로 이 전략을 피하기 위한 사건이었다.

(2)　그러나 장개석의 이 결정은 일본군에게 쫓겨 만주의 고향 땅을 버리고 서안에 자리 잡은 장학량으로서는 도저히 받아들일 수 없는 것이었다. 비록 장개석의 지원을 받고 있는 처지이기는 했으나, 그로서는 이 전략만큼은 동의할 수가 없었던 것이다.

이 두 사람의 생각의 틈새를 파고들어 밀의(密議)를 성립시킨 사람이 바로 주은래(周恩來)였다. 이에 장학량은 독전(督戰)을 위해 서안(西安)에 도착한 장개석을 부하를 시켜 감금한 뒤, 일본 침략에 대한 대응을 우선하도록 강압했다. 여기서 성립된 합의 내용이 바로 내전정지 일치항일(內戰停止 一致抗日)이었다.

(3)　그런데 일본의 처지에서는 이미 중국과 전면전만으로 상황을 끝낼 수는 없게 되었고, 바로 이것이 문제였다. 미국이 이 같은 일본의 대중 전면전을 곧바로 워싱턴 체제에 대한 노골적인 도전

으로 받아들였기 때문이다. 일본으로서는 자숙해야 할 처지였음에도 불구하고 이 같은 국제 정황을 완전히 무시했던 것이다.

앞에서 자세히 다룬 것처럼, 일본 군부 정권이 또다시 노구교 사건을 도발, 중일전쟁으로 돌입한 것이 그 예였다.[24] 노구교란 북경 교외의 영정하(永定河)에 놓인 교량으로, 여기서 시작된 충돌이 곧바로 북경과 천진으로 번졌으며, 8월 중순에는 마침내 중국 전역으로 확대되기에 이르렀던 것이다.

이어 같은 해 12월 일본군의 남경 점령에 따른 '남경학살사건'은 중·일 사이의 협상 여지를 완전히 종식시키고 말았다. 일본의 몰락은 이 같은 중국과 전면전으로 시작되었다고 말할 수 있다.

그럼에도 그들은 아직까지도 중국과 벌인 이 전쟁을 '지나사변 (支那事變)'이라 일컬으며, 이를 유럽 열강과 벌인 전쟁보다 하위의, 말하자면 일종의 '분쟁' 정도로 치부하고 있다. 그 호칭까지 구미 열강과의 전쟁과 차등을 두어 격하하고 있는 것이다.[25] 그렇지만 이 전쟁이 바로 메이지 이래 승승장구하던 일본을 몰락의 길로 접어들게 한 첫걸음이었다.

---

24) Harold M. Vinacke, 앞의 책, 572~573쪽.
25) 子安宜邦·崔文衡, 《歷史の公有体としでの東アシア―日露戰爭と日韓の歷史認識》(藤原書店, 2007), 10~11쪽. "일본 제국 영광의 군사박물관 성격을 지닌 야스쿠니 신사의 유취관(遊就館)에 가보면 이 사실을 금방 알 수 있다"는 것이 고야스 교수의 주장이다. 아시아에 대한 일본의 자세를 읽을 수 있게 한다는 이야기다.

(4) 일본의 노구교 사건 도발에 대한 최초의 반응은 미국에서 나왔다. 1939년 7월 26일 미국의 미일통상조약 폐기가 바로 그것이었다. 일본의 수입 총액에서 미국이 차지하는 비율이 40퍼센트가 넘는 상황에서 일본에게 이 조치는 그야말로 결정적 타격이었다. 물론 이에 앞서 같은 해 1월에 단행된 영국의 대일 경제제재(經濟制裁)도 매우 심각한 타격이었다.

그 가운데서도 군수품 금수 조치와 '대일 석유 수출 금지'가 특히 그러했다. 그리고 미·영의 이 조치에 프랑스·소련·홀란드까지 가세하여 중국에 대한 군사 원조에 나섰다. 이들의 대중 군사 원조는 프랑스령 인도차이나와 버마를 거쳐 중경(重慶)으로 연결되는 험난한 산간 도로를 통해 수행되었다. 일본군이 중국 연안 지역을 점령하고 있었기 때문이다.

(5) 그렇지만 일본에 대한 가장 큰 압력은 역시 미국의 '대일 석유 수출 금지' 조치였다. 여기서 일본은 석유를 비롯한 전략 물자의 획득을 위해 미국과의 충돌을 무릅쓰고 동남아시아 침략을 단행할 수밖에 없었다. 그리고 이것이 이 지역을 식민지로 영유하고 있던 열강과 전면 대결로 이어지게 했던 것이다.

이에 일본이 프랑스령 인도차이나 남부에 진주하자, 미국은 즉각 자국 내 일본 자산의 동결로 대응했다(1941년 7월). 그리고 일본의 위협에 직면하여 미·영·중·화의 이른바 'A·B·C·D 공동방위선'이 결성되었다. 이제 일본과 미·영의 대결은 피할 수 없는 상태로 접어든 것이다.

일본은 1937년 9월 27일 독일 및 이탈리아와 3국 동맹을 체결, 아시아의 곤경에서 벗어나려고 노력했지만, 이것이 오히려 미·영과 일본의 대결을 더욱 심화시키는 결과를 초래했다. 물론 일본도 미국과 평화적 해결을 모색하려는 생각을 완전히 잊었던 것은 아니다.

(6) 그러나 고노에(近衛) 내각이 무너지고 1941년 11월 도조(東條) 내각이 성립되자 사태는 급변했다. 이에 1941년 12월 8일(미국은 7일) 일본은 하와이의 진주만을 기습함으로써 미국에 전단을 열었다. 이것이 태평양전쟁이다.

개전 벽두, 일본은 미국의 전쟁 준비 부족과 태평양함대 상실에 따른 약세를 이용하여 한때 동남아시아 전역을 휩쓸었다. 그들이 부르짖던 이른바 '대동아공영권(大東亞共榮圈)'이 거의 완성된 것처럼 보이기도 했다. 그러나 결국은 연합국의 군사력에 압도당하고 말았다.

우리의 두 교과서는 일본의 만주 침공 이후 태평양전쟁에 이르는 과정에 대한 설명이 특히 소홀하다. 우리의 대일 항쟁의 양태가 달라진 원인을 알기 위해서라도 이에 대한 올바른 이해가 반드시 필요하다. 먼저 우리를 통치한 자들의 동태 변화부터 알아야 한다는 이야기다.

(7)　하시야 히로시(橋谷弘)는 말하기를, "40년대의 전시통제경제
는 한국으로서는 전적으로 '외재적 요인'에 따른 것이었다. 그 구
체적 내용도 일본 본국에서 입안된 것이 중심이었기 때문에 이를
'근대화' '개발'이라는 측면에서 평가할 수 없는 복잡한 변화를 조
선 사회에 미쳤다"고 했다.[26] 이는 역사를 일국화하려는 내셔널리
즘, 즉 역사 연구의 쇄국화로는 역사의 진실을 밝힐 수 없음을 말
해주는 또 하나의 예라 할 것이다.

---

26) 橋谷弘,〈193·40年代朝鮮社會の性格をめぐって〉,《朝鮮史硏究會論文集》, No. 27
　　（朝鮮史硏究會, 1990）, 151쪽.

제6장

일본과 북한의 역사 기술

1. 일본(새 역사교과서를 만드는 모임)의 역사 기술

(1) 일본인의 머릿속에는 자기들만이 문명국이고 중국과 한국은 동남아시아 여러 나라와 마찬가지로 미개국이라는 고정관념이 자리 잡고 있다. 그들의 한국관(韓國觀)은 자기들의 멸시 대상인 "청국에 조공을 바치는 조선"이라는 표현으로도 짐작할 수 있다.

청일전쟁과 러일전쟁도 자기들의 침략 야욕 때문이 아니라 어디까지나 대륙 강국의 위협에 대응한 '자존자위(自存自衛)'를 위한 부득이한 '조국 방위 전쟁'이었다는 주장이다.[1] "메이지시대의 일본인은 얼마나 불안하였을까?"라는 그들의 한마디로도 그 왜곡의 정도를 짐작할 수 있다.

최근에 출간된 와타나베 도시오(渡邊利夫)의 《신탈아론(新脫亞論)》은 일본의 한국관(韓國觀)과 그들의 역사 교과서(自由社, 2009년도 검인정)의 편집 목적을 극명하게 대변해주고 있다. 청일전쟁과

---

1) 子安宜邦·崔文衡, 《歷史の公有体としでの東アジア－日露戰爭と日韓の歷史認識》(藤原書店, 2007), 12~13쪽. '조국 방위 전쟁'이라는 말이 널리 사용된 것은 시바 료타로(司馬遼太郞)의 소설(《坂の上の雲》)이 신문에 연재되었던 1968~1972년의 일이라고 한다. 시바는 이 소설에서 "일로전쟁은 객관적으로는 침략 전쟁이라는 측면을 가졌을지 모르지만 주관적으로는 역시 '조국 방위 전쟁'이라고 보지 않을 수 없다"고 했다. 이에 대해 고야스 교수는 "(메이지) 일본인의 입장에서는 이것이 '조국 방위 전쟁'이었다는 뜻인데, 그렇다면 어떤 전쟁이든 주관적으로 말한다면 자국의 방위 전쟁이 되고 만다"면서, "(쇼와) 일본의 실패라고 하는 태평양전쟁까지도 일본 제국의 계승자들은 '방위 전쟁'이었다고 말하고 있지 않는가"라고 했다.

러일전쟁 시기를 "일본국의 존망이 걸린 위기 상황"이었다고 규정하고 있을 정도다.

"오늘날의 극동아시아의 지정학(地政學)이 지난날의 그것과 꼭 같을진대, 일본이 어떻게 대응해야 할 것인가를 근·현대사의 성공과 실패의 경위 속에서 그 교훈을 얻어야 한다"는 논지다.[2] 이 책의 부제(副題)는 "앞날의 위기에 대처하기 위해서"로, 간행 목적을 더욱 극명하게 밝히고 있다.[3]

앞으로 일본이 살아나갈 길을 메이지 지도자들의 성공을 통해 찾아야 하고, 그에 맞도록 재편집된 교과서가 바로 지유샤(自由社)의 역사 교과서라는 것이다. 즉, 침략으로 점철된 일본 근·현대사에서 교훈을 얻을 수 있도록 교과서를 재편집했다는 이야기다.[4]

또한 "그 재편집된 체재 자체가 실은 장래 일본이 살아나갈 방법을 지시하는 '로드맵'이 되는 것이 아니겠는가. 이 책이 일본 근·현대사 재편집을 위해 쓰여졌으면 한다"[5]고 말하고 있다.

(2) 지유샤 교과서와 후소샤 교과서는 같은 필자가 저술했지만, 전자는 후자보다 더 노골적으로 침략성을 정당화하고 있다.[6] 청일

---

2) 渡邊利夫, 《新脫亞論－東アジア危機の日に備え, 日本の近現代史を'再編輯'する》(東京 : 文藝春秋, 2008), 12쪽.
3) 같은 책, 14~16쪽.
4) 같은 책, 23쪽.
5) 같은 책, 같은 곳.
6) 후소사(扶桑社)에서 출간된 《新しい歷史敎科書》(2006, 改訂版)의 〈역사를

전쟁과 러일전쟁을 자위(自衛)를 위한 몸부림이었다고 강변하는 일본이 북한의 로켓 발사와 핵실험(2006년과 2009년)을 자기들의 핵무장의 구실로 이용할 것임을 쉽게 짐작할 수 있게 한다.

'후소샤' 교과서에 대해서는 우리 학계의 비판도 몇 가지 있다.[7] 그렇지만 저자가 "이와 내용이 같다"고 하는 지유샤 교과서에 대해 면밀한 분석이 새삼 필요하다고 생각한 까닭은 따로 있다. 이것이 의거하고 있는 인식론적 논리에 대한 근원적 비판부터 다시 해야겠다고 느꼈기 때문이다.

"일본인의 교과서"라는 제목이 붙은 지유샤의 교재는 이 문제에 대한 하나의 예가 된다. 이 교과서는 메이지유신 이후 외침에 나선 그들 나라가 대륙 세력으로부터 존립의 위협을 받고 있었다며 자기들의 한국 침략을 또 다시 정당화하고 있다. "동아시아의 지도(地圖)를 볼 때 조선반도는 유라시아대륙에서 일본을 겨냥하고 있는 '손도끼' 모양을 하고 있다"는 것이다.

"중화제국·러시아제국·몽골제국 등 대륙 강대국이 일본으로 세력 신장을 기도할 경우 조선반도를 통과하지 않고는 불가능하기 때문에, 조선이 일본의 적국이 되거나 적대 세력의 영향 아래

배우고나서〉(227쪽)라는 마무리 컬럼을 보면 이 사실을 더 쉽게 확인할 수 있다.

7) 가령, 교육인적자원부 일본역사교과서왜곡대책반의 《일본 중학교 역사 교과서 한국 관련 내용 수정 요구 사항 및 일본 정부 답변 자료》(2001)와 일본역사교과서바로잡기운동본부의 〈문답으로 읽는 일본교과서 역사왜곡〉(2006) 등이 그렇다.

들어가게 되는 사태를 일본으로서는 절대로 피해야만 했다”는 이야기다.

즉, 자기들의 안전을 위해 한국 침략이 불가피했다는 것이고 “이것이 지정학상의 숙명이었다”[8]는 억지다. 한국 침략은 자기들이 살아남기 위한 부득이한 방책이었다는 이야기다. 자기들이 살기 위해 어쩔 수 없이 다른 나라를 짓밟았는데, 그것이 어째서 잘못이냐는 억지 주장을 펴고 있는 것이다.

“전후의 일본 교과서는 자기네 역사를 아시아 제국을 침략, 범죄를 저질러온 것처럼 묘사하여 정의감이 있는 학생일수록 제 나라를 증오하게 되었기 때문에” 새 교과서를 편찬한다고 일본 ‘새 역사교과서를 만드는 모임’ 측은 공언하고 있다.

2. 북한 학계의 ‘외인론’ 부정과 ‘자본주의 맹아론’

(1)   일본의 한국사학자 가지무라 히데키(梶村秀樹)는 “김옥균 영웅화는 북한 역사가들의 ‘오피셜(official)’한 공통 견해에서 비롯되었다”고 말하고 있다. 저자는 북한에 대한 정보를 갖고 있지 못하기 때문에 비록 시의를 잃기는 했지만, 그의 1980년대 저서를 통해 북한 학계의 연구 동향을 살폈음을 미리 밝혀둔다.

---

8) 渡邊利夫, 앞의 책, 28쪽.

　　"김옥균은 우리나라 근대 여명기에 조국의 자주독립과 사회적 진보를 위해 투쟁한 탁월한 애국적 정치 활동가이자 사상가라는 것"이 북한 역사가들의 공통된 견해다.[9] 그러나 1949년까지는 김옥균에 대한 북한의 평가가 남한의 그것과 큰 차이 없이 부정적이었다.

　　가지무라는 오히려 더 부정적이었다고 보고 있다. "개화파의 주관적 의도는 일본 이용에 있었다.… 그렇지만 이것은 어디까지나 개화파의 주관적 몽상에 지나지 않았다. 그들은 침략자를 원조자로 잘못 보고 일본을 이용한 것이 아니라 오히려 이용당했다"는 것이 그 내용이다.[10]

(2)　그런데 이것이 갑자기 바뀐 것은 이라영(李拏英)의 김옥균 평가가 있고 나서의 일이라는 것이다. 그리고 "이라영의 김옥균 평가가 학계(북한)에서 공인된 것은 김일성의 발언이 배경이 되었다"는 것이다.

　　"옆 나라에는 강유위와 양계초 같은 부르주아 혁명가가 있는데,

---

9) 梶村秀樹,《朝鮮史の枠組と思想》(東京 : 硏文社, 1982), 87쪽. "김옥균은 뒤떨어지고 부패한 봉건제도에 반대하고 외래 자본주의의 침략으로부터 국가를 지키기 위한 투쟁에 자기의 생애를 바친 고결한 애국자였다. 그에 의해 지도된 갑신정변은 우리 나라 최초의 부르주아 개혁의 시도로서 조선 근대사에서 빛나는 지위를 차지하고 있다." 朝鮮民主主義人民共和國社會科學院歷史研究所 編著,《金玉均》(1964), 1쪽(서문)에서 재인용.

10) 梶村秀樹, 같은 책, 94~95쪽.

왜 우리나라 역사에만 그런 인물이 없는가라는 문제를 역사가들에게 제기합니다. 우리나라에 있었다면 김옥균을 들 수 있지만, 김옥균은 이미 간사한 사람들이 친일파로 규정해버렸습니다. 이후 우리나라가 일본의 침략을 받았기 때문에 결국 그는 친일파로 규정되어버리고 말았습니다. 김옥균이 친일파냐 아니냐는 금후 좀더 연구해야만 할 문제입니다만…"이라는 것이 김일성의 제언이었다.[11]

(3)　김옥균이 친일파가 아니라 부르주아 혁명가라고 생각하는데, 이에 대해 토론해보라는 것이 그 요지였다. 이에 따라 이라영의《조선민족해방투쟁사》를 근간으로《조선통사(朝鮮通史)》하권(1958년 9일)이 출간되었고, 1959년 7월의 이른바 '부르주아 민족운동에 대한 과학 토론회'가 열렸다는 것이다. 그리고 여기서 전석담(全錫淡)의 기조 보고를 토대로 토론이 진행되었다는 것이 가지무라의 전언이다.

　전석담은 "개화파는 여러 가지로 미숙한 면이 있었지만,… 본질적으로 긍정해야 할 측면이 있다. 개화파의 계급적 제한성, 일본 세력에 의존하려 한 잘못은 있었지만, 사회 발전의 합법칙성에 비추어 우리나라의 낡은 봉건제도를 개편하고 부강을 꾀함으로써

---

11) 같은 책, 96~97쪽. 조선노동당중앙위원회 1958년 3월 총회에서 행한 김일성의 결어 연설.

위험에 직면한 조국의 자주독립을 쟁취하려 한 애국적·진보적 인물이었다"고 총괄했다는 것이다.[12]

(4) 이어 이 경향을 더욱 진전시킨 계기가 바로 《역사과학》 1961년 1호의 "우리나라의 역사를 조선 인민의 입장, 노동 계급의 입장에서 연구 분석하라"는 권두언이었다.[13] "문제는 바로 여기서 분명해졌다"는 것이 가지무라의 지적이다. 핵심은 객관적 사실 인정에 있는 것이 아니라 인식 주체에 있다는 점이 바로 그러하다는 지적이다.[14] 즉, 민족 주체성 강조에 집중되었다는 뜻이다.

그리고 《역사과학》 1962년 3호의 권두언(〈맑스 레닌주의 깃발을 높이 들어 역사과학의 당성의 원칙을 고수하라〉)은 이 방법적 주장을 한층 더 체계화했다는 것이다. 조선노동당 4회 대회의 "당의 노선과 정책을 맑스·레닌주의적으로 깊이 해설 선전하여 당의 혁명전통과 민족문화유산을 전면적으로 연구하라"는 과제를 제기한 사실이 바로 그것이다.

(5) 이에 따라 "연구에 있어 계급성의 원칙, 당성의 철저, 일제 어용학자가 민족적 자부심을 거세하기 위해 이용한 외인론(外因論)을 완전히 극복하고, 내재적(內在的) 발전 과정으로써 조선 역사를

---

12) 같은 책, 97쪽.
13) 같은 책, 같은 곳.
14) 같은 책, 98쪽.

체계화하라"고 강조하게 되었다는 것이다.[15]

이로 미루어 북한 학계의 이른바 '내재적 발전론'은 김일성의 제언에서 비롯된 것으로, 이는 이미 1960년대 초에 논의된 이야기임을 알 수 있다. 제국주의시대에 해당하는 우리의 근대사를 서술하면서 '외인론'을 부정한다는 것은 엄연한 사실(史實)을 외면하겠다는 이야기와 다름없다.

이는 자기들의 주장을 합리화하기 위한 가설에 지나지 않는다. 물론 가설 자체가 문제라는 이야기는 아니다. 가설을 세워놓고 사실을 제시함으로써 그 정당성을 입증해나간다면 문제될 것이 없다. 가설을 불변의 법칙처럼 믿어 사실을 여기에 끼워 맞추려는 것이 바로 문제라는 것이다.

이것 외에 다른 것은 아예 외면하는 데 바로 문제가 있는 것이다. 이러한 가설에서 벗어나기 위해서라도 "역사는 사실에서 출발해야 한다"는 말을 되새길 필요가 있음을 새삼 실감하게 된다.

(6) 가지무라는 "주지하는 바 유물변증법(唯物辨證法)은 사물 발전의 원인을 내적발전(內的發展)에 있다고 보았고, 외적요인(外的要因)은 오로지 내적 요인을 통해서만 작용한다"는 내용을 언급하면서, "이후 조선근대사(일국사로서의) 연구는 전면적으로 이 방법론에 의해 규정되었다"고 말한다.[16]

---

15) 같은 책, 99쪽.

그는 "자본주의 맹아론(萌芽論) 연구가 급속히 추진된 것도 이 논설이 계기가 되었다"고 정의하고 있다.[17] 사실상 '자본주의 맹아론'과 '외인론' 부정은 쌍생아적 연관이 있는 것이다. "그것은 상술한 방법론에 의거한, 즉《역사과학》의 입장에서 비롯된 것으로, 이는 '상식'에 대한 도전"이라는 것이 그의 결론이다.[18]

가지무라는 김일성의 한마디로 김옥균의 위상이 친일파에서 부르주아 혁명가로 바뀐 경위와 이를 통한 '내재적 발전론'이 이른바 '자본주의 맹아론'이라는 한 지맥(支脈)으로 이어진 사실을 간명하게 서술하고 있다. "추상적 법칙의 교조주의적인 끼워 맞추기에는 동의할 수 없다"는 것이 그의 요지다.[19]

역사가는 역사적 사실에서 출발해야 하며, 결코 도식이나 가설에 얽매여서는 안 된다는 사실은 재론할 필요도 없다. 제국주의시대였던 우리나라 근대사 연구에서 '내재적 발전론'이나 '자본주의 맹아론'만을 내세운다면 결국 연구의 '쇄국화(鎖國化)'에 이를 수밖에 없는 것이다.

(7) 아무리 자본주의의 싹이 있었다고 해도 기후 조건과 토질이 맞아야만 잎이 트고 성장이 보장된다. 그러나 1860·1870년대의

---

16) 같은 책, 같은 곳.
17) 같은 책, 같은 곳.
18) 같은 책, 100쪽.
19) 같은 책, 103쪽.

우리나라의 여건은 그렇지 못했다. 그리고 그 여건이 일제의 한국 병합 이후에 비로소 갑자기 악화된 것도 아니다.

요컨대, 이는 외세의 영향이 있었다고 해도 우리의 능동적인 대처 능력을 강조함으로써 우리가 외세에 따라 좌우되지 않았다는 점을 강조하려는 데서 비롯된 가설이다. 해방 직후 우리 한국 근·현대 사학자들이 이 점을 강조하려는 경향이 있어온 것이 사실이다. 그러나 근래에 이르러 이 문제에 대해서는 자중하고 있는 것 같아 다행이다.

"그 동안 현행 교과서에서 상정하고 있었다는 '내재적 발전론'이 가지고 있는 문제점이 없지 않으며, 특히 조선 후기의 변화를 지나치게 근대적 양상으로 그려냈다는 비판이 역사학계 내부에서도 나오고 있다"는 표현이 바로 그것이다.[20]

"외적 요인이 오로지 내적 요인을 통해서만 작용"한다면 일방적으로 불리하게 체결된 강화도수호조약을 설명할 길이 없어진다. "우리 한국사학계에서 이제 더 이상 이런 문제를 거론하는 사람은 없다"는 이야기도 들린다. 연구의 쇄국을 벗어날 수 있을 것 같아 늦으나마 크게 다행이라 생각한다.

---

20) 《역사비평》(역사비평사, 2008년 여름호), 306쪽.

결론 : 사실 인식의 혼동

한국 근·현대사 교과서는 개항 후 새로이 대두된 우리나라와 열강의 관계를 거의 외면하고 있다. 열강의 침략(원인)과 그로 말미암아 우리 땅에서 빚어진 사건(결과)을 마치 관계가 전혀 없는 별개의 사건처럼 따로 분리하여 기술하고 있다. 더욱이 사건의 시대순까지 혼동하여 결과적으로 역사를 암기 과목처럼 착각하게도 하고 있다.

일본의 극우 역사가들은 러일전쟁을 자기들의 '조국 방위 전쟁'이라며 침략 전쟁을 정당화하고 있다. 이에 맞서 우리 근·현대사 필자들은 한국 역사에서 일본의 침략 야욕과 의도를 파고들지 못하고 있다. 즉, '연구의 쇄국화'를 극복하지 못하고 있다는 뜻이다.

제국주의시대에 해당되는 한국 근대사를 기술하면서 외적 요인을 간과한 결과 많은 문제점을 파생시키고 있는 것이다. 외세와의 관계를 오로지 그들이 우리 땅에서 벌인 행태만을 근거로 기술함으로써 그 침략의 본질을 포착하지 못한 경우가 허다하다.

역사 교과서에서 염두에 두어야 할 전제는 인과관계에 따른 분명한 서술이다. 더 충실한 역사 교과서 편찬에 일조했으면 하는 일념에서 그동안 우리 한국사학계가 간과해온 몇 가지 문제만을 골라 다시 간추려본다.

(1) 대안 교과서는 "영국과 프랑스는 1860년대까지 차, 비단, 도자기도 생산되지 않는 한국에 그리 큰 관심을 두지 않았다"고 기술하고 있다. 그러나 이 기술은 착각이다. 이와는 반대로 관심이 더 커졌기 때문이다. 관심이 없었다면 병인양요와 신미양요가 왜 일어났겠는가? 산업혁명 이후에는 그들의 관심 대상은 이미 차나 도자기 따위가 아니었다. 그들의 주된 관심은 이제 시장 개척에 있었다.

(2) 강화도수호조약에 대한 일본의 목적은 '조선이 자주지방(自主之邦)'임을 강조함으로써 청국의 조선에 대한 종주권을 단절하려는 데 있었다. 그런데 우리의 교과서와 개설서는 모두 1895년의 시모노세키조약도 그 목적이 강화도조약과 마찬가지로 "조선이 완전 독립국"임을 강조한 것이라고 기술하고 있다.

일본이 청일전쟁에 승리한 뒤 맺은 시모세키조약은, 그 내용이 19년 전의 수호조약과 같을 수가 없었다. 이를 잘못 이해하게 된 원인은 바로 '청'과 '일본'이라는 주어를 명시하지 않은 데 있다.

강화도수호조약의 경우 '청·일은 조선이 완전 독립국임을 승인한다'는 것이었고, 시모노세키조약의 경우는 일본이 아니라 '청'만이 조선의 독립을 승인한다고 되어 있다.

전승한 일본은 조선이 독립국임을 승인하지 않았을 뿐만 아니라, 이러한 표현에는 조선을 자기들의 침략 대상으로 남겨두겠다는 의미가 내포되어 있다. 주어 하나를 똑바로 명시하지 못한 결과가 이렇게 엄청난 이해의 혼란을 빚은 것이다. 일본외교문서는 이 사실을 분명하게 밝혀준다.

(3)　우리 학계는 강화도수호조약을 언급하면서 군함 운요호의 침범만을 중심으로 서술하고 있다. 1873년부터 정한론(征韓論)이 있었다는 언급이 고작이다. 요컨대, 한국 침략을 위해 일본이 영·러 등 열강을 상대로 벌인 빈틈없는 사전 외교 공작에 대한 언급이 없다는 이야기다.

즉, 일본은 러시아의 남하를 저지하고자 북상(北上)을 유도하는 영국의 동아시아 정책에 편승하며, 다른 한편으로는 영국의 적국인 러시아와도 비밀 거래를 벌여 자기들의 한국 침략을 묵과(黙過)하게 했다. 이 대가로 일본은 러시아와 공유해온 사할린을 러시아에게 넘겨주기로 했다(사할린·쿠릴열도 교환조약, 1875년 5월 7일).

이 조약에 따라 일본은 1875년 9월 19일을 기해 자기들의 사할린 공유분 양도를 실행에 옮겼다. 그리고 바로 그 이튿날(9월 20일)

운요호 사건을 도발했다. 실로 그들은 순발력 있는 '다변외교'와 '포함외교'를 구사했던 것이다. "개항의 필요를 느꼈기 때문에" 또는 "대원군 실각으로 상황이 바뀌었기 때문에" 개항한 것이 아니다.

(4) '조영수호조약'과 '조영신조약'을 같은 것으로 혼동한 것은, 우리 교과서의 부끄러운 또 다른 일례다. 이 둘은 같은 조약이 아니다. 전자는 월스 조약(Willes treaty, 1882년 6월 6일), 후자는 파크스 조약(Parkes treaty, 1883년 11월 26일)으로 일컫는 것이다.

더욱이 금성 교과서는 '조영조약'의 체결 연대를 '신조약'이 체결된 1883년이라고 잘못 쓰고 있다. 그러면서도 정작 '신조약'에 대해서는 일언반구의 언급조차 하지 않았다.

그러나 문제의 심각성은 연대의 오기(誤記) 정도로 끝나는 것이 아니라는 데 있다. 임오군란의 혼란을 틈타 영국은 관세율을 거의 절반 정도로 깎아놓았는데, 여기서 그치지 않고 이 반감된 관세율을 기왕에 수교한 나라는 물론 앞으로 수교를 맺게 될 모든 나라에게도 똑같이 적용하게 되었다는 데 그 심각성이 있는 것이다.

이 '신조약' 체결의 발단은 김옥균 등 개화파가 파크스를 상대로 벌인 외교 교섭 실패에서 비롯되었다. 이 실패로 개화파가 주도하던 외교권이 자연스럽게 민왕후 측으로 넘어갔던 것이다. 동시에 민씨 정부는 영·미에 실망한 나머지 그 반대 세력인 러시아를 끌어들여 조러수교를 성립시켰다.

개화파가 정변을 황급히 서두른 직접 원인도 민왕후 세력의 압박으로 신변의 안전을 위협받은 데 있었다. 조영조약 체결 이후 조러조약 체결 과정은 이처럼 우리 역사상 그야말로 급격한 전환기였다. 그 변화는 개항 초의 '조선책략(朝鮮策略)'적 외교 노선의 전면 청산을 의미하는, 그야말로 획기적인 것이었다.

(5) 대안 교과서는 "조러수교를 맺자 영국이 거문도를 강제로 점령했다"고 기술하고 있다. 그러나 그 계기는 조러수교가 아니라 '조러밀약'설에 있었다. 물론 '조러밀약'은 한낱 풍문에 불과한 것일 수도 있다. 그렇지만 그에 따른 파장은 실로 엄청난 것이었다.
   '조러밀약'설로 말미암아 영국과 청·일은 다 같이 러시아의 위협을 실감하게 됨으로써 각기 나름의 대응책 강구에 나섰다. 영국은 거문도를 점령하고, 청·일은 천진조약을 체결했으며, 이홍장은 납치해온 대원군을 석방하여 친러적인 민왕후 견제에 가세했다. 이홍장의 원세개 파한(派韓)도 민왕후 견제를 위한 것이었다.
   그럼에도 우리 교과서와 한국사학계는 이 세 사건의 원인을 잘못 이해하고 있을 뿐만 아니라, 이 셋이 마치 서로 무관한 별개의 사건인 것처럼 기술하고 있다. 원인을 제대로 파악하지 못함으로써 결과도 잘못 인식하게 된 것이다.

(6) 금성 교과서의 경우 러시아라는 새로운 변수를 간과하고 있다. 즉, 천진조약과 한성조약의 목적을 혼동하고 있다는 것이다. 천진조약 체결의 원인과 관련해 "일본이 (한국) 침략의 발판을 잃

지 않기 위해서였다"는 표현이 바로 그것이다.

천진조약 체결의 주목적은 어디까지나 밀려오는 러시아의 위협에 맞서 청·일이 공동 전선을 펴려는 데 있었다. 그러기 위해서는 한국 땅에서 청·일 양군의 충돌부터 막아야만 했던 것이다. 천진조약의 내용이 청·일 양군의 충돌 방지가 주목적인 것처럼 보이는 까닭이 바로 여기에 있는 것이다.

"일본이 침략의 발판을 잃지 않기 위한" 노력은 천진조약 성립 3개월 여 전에 체결된 '한성조약'을 통해서 이미 시도되었다. 한성조약은 "경성사변에 관한 일한선후약정"이라는 그 부제(副題)가 시사하듯이, 정변 이후 약화된 일본의 입지를 회복하는 데 그 목적이 있었다.

(7) '내재적 발전론'이란 광복 이후 남북한의 한국사 전공자들이 다 같이 외세 침략에 대한 저항 의식을 가진 데서 비롯된 이론이라 할 수 있다. 이는 사물 발전의 요인이 본래 내재(內在)되어 있다는 것으로, 이른바 '자본주의 맹아론'도 여기서 비롯된 하나의 가닥이다.

"역사는 어디까지나 사실(史實)에서 출발해야 한다. 진실은 현실 속에 있는데, 사실에 입각하지 않은 이론(가설)에서 진실을 발견하려 하면 결국 편향성을 띨 수밖에 없다."

(8) 청일전쟁의 원인이 동학 봉기에서 비롯되었다고 하는 견해

가 있는가 하면, 방곡령 사건(防穀令 事件)으로 비롯되었다는 견해도 있다. 그러나 동학 봉기는 일본이 전쟁 도발의 계기로 이용했을 뿐, 원인일 수는 없다. 그리고 방곡령 사건도 일본이 전쟁 도발의 방법으로 이용하려고 하기는 했지만 끝내 이용하지는 못했다.

방곡령 사건은 1889년의 일이었고, 청·일 개전은 1894년의 사건이다. 요컨대, 일본의 대륙 침략 야욕은 이미 메이지유신기에 싹튼 것으로서, "일본 역사상 필연적으로 일어날 수밖에 없었다는 것"이 대표적 일본 역사가들의 공통된 견해다. 다만 1894년이라는 특정 시기에 전단(戰端)이 열린 것은 그 여건이 이때야 비로소 갖추어졌기 때문이다.

즉, 러시아가 1891년에 시베리아철도를 착공하면서 그 진출 방향이 동아시아로 확정되자 일본은 러시아와의 대결이 불가피해졌고, 이에 여유 있게 효과적으로 대처하기 위해서는 청국 세력부터 제압할 필요가 있었다.

그렇지만 일본이 청국과 전단을 열기 위해서는 당시의 정황으로 미루어 영국과 러시아는 물론 미국의 묵허(黙許)가 있어야만 했다. 이 여건이 모두 갖추어진 시점이 바로 1894년이었다. 동학 봉기가 청·일 개전의 원인이라는 주장은 전쟁 책임을 한국에 전가하려는 일본의 간계에 불과하다.

(9)　우리 교과서와 개설서는 아직도 주한 일본공사 미우라가 낭인들을 지휘하여 민왕후를 시해했다고 기술하고 있다. 물론 직접

시해한 자는 일본의 낭인들이다. 그렇지만 시해 결정을 주도한 자는 '일본인'이 아니라 '일본 정부'였다. 즉, 한국에 대한 '전결단행권(專決斷行權)'을 가진 이노우에 가오루(井上馨)가 바로 그 주도자였다.

미우라와 낭인들은 그(일본 정부)의 결정을 수행한 하수인에 불과했다. 그럼에도 우리는 아직도 '일본인'과 '일본 정부'를 구분하지 못하고 있다. 금성 교과서는 러시아 자료라는 것을 근거로 '일본인'이 왕후를 시해했다고 함으로써 이미 공인된 사실을 새삼스럽게 거듭 강조하고 있다.

일본 정부의 시해 결정은 자기들의 국익 수호를 위한 조치였다. 이를 위해 일본 정부는 3국 간섭의 위협이 소멸된 국제 정황까지 면밀하게 이용하여, 1895년 7월 10일을 전후한 시점을 골라 '강경'으로 방침을 정했다. 이 방침 변경이 바로 이노우에의 미우라 주한 공사 추천이었다.

그리고 결국 10월 8일을 기해 시해를 단행했다. 그럼에도 우리 한국사학계는 아직도 이에 대해 관심조차 가지려 하지 않는다.

⑩ 우리 교과서와 한국사학계는 다 같이 민왕후 시해와 아관파천을 마치 서로 무관한 별개의 사건처럼 기술하고 있다. 더욱이 금성 교과서는 아관파천기에 조인된 '베베르-고무라각서'와 '로바노프-야마가타의정서'를 혼동하고 있다.

민왕후 시해로 일본이 한국에서 우위를 점하자, 이에 대한 러시아의 반격이 바로 아관파천이었다. 두 사건은 한국에서 자국의 권익을 둘러싼 양국의 대결이었다. 이는 러일전쟁의 서전(緖戰)과도 같은 사건이다.

아관파천 후 한국에서 우위(優位)를 확보한 나라는 물론 러시아였다. 따라서 한국을 남·북으로 분할하자고 제의한 나라는 러시아가 아니라 다급해진 일본이었다. 그것도 베베르-고무라각서를 통해 서울에서 한 제안이 아니었다. 모스크바에서 일본의 야마가타가 러시아 외상 로바노프를 만난 자리에서 벌어진 일이었다.

(11) 대안 교과서는 로젠-니시협상과 포츠머스조약의 내용을 혼동하고 있다. 포츠머스조약으로 일본이 한국에 대한 "우월한 지위를 인정받았다"는 기술이 바로 그것이다. 일본이 우월한 지위를 인정받은 것은 이 조약이 아니라 이미 1898년의 로젠-니시협상을 통해서였다.

포츠머스조약을 통해서는 '탁절(卓絶, Paramount)한 정치·군사·경제적 권익', 즉 '보호권'을 인정받은 것이다. 이는 이미 상식화된 통설이다.

뿐만 아니라 이 교과서는 포츠머스조약의 내용이라면서 "더 이상의 진전(further development)을 바란다면 한국의 동의를 받아야 한다"는 일본 측의 말을 전하고 있다. 그러나 포츠머스조약의 내용에는 이러한 말이 나오지 않는다. 이것은 러시아가 후일 일본으로부터 대가를 얻어내기 위해 〈일로강화회의록(日露講和會議錄)〉제2

호(1905년 8월 12일 오후 3시 회의)에 남겨둔 내용이다.

이후 일본은 '더 이상의 진전'이 곧 한국 병합이라고 주장했고, 러시아는 포츠머스의 결정 이상으로 한국의 주권을 약간 더 손상시키는 정도를 의미한다고 맞받았다. 일본이 한국에 대한 자국의 세부 권익 확정을 서둘러야 했던 이유도 바로 여기에 있었다.

따라서 일본은 이를 위해 러시아와 합의가 필요했다. 만주에 대한 자국의 구체적인 권익 규정도 필요했지만, 포츠머스조약의 보완 작업이 일본으로서는 더 절실했다. 이것이 제2회 러일협약이 이루어진 배경이다.

⑿　우리 한국사학계는 고종의 환궁(還宮) 원인이 오로지 "대다수 관료와 독립협회가 왕의 환궁을 요구했기 때문"이라고 말한다. 그러나 고정의 환궁은 "독립협회가 눈에 띄는 성과를 거두기" 이미 1년 8개월 여 전에 이루어졌다.

우리의 요구에 대한 러시아의 이른바 '5개항의 회답 요점'(1896년 7월 2일)이 너무나도 모호하고 회피적이어서 그들에 대한 실망이 컸기 때문이다. 그리고 일본이 로바노프–야마가타의정서 및 그 비밀 조항까지 원문 그대로 한국 측에 넘겨줌으로써, 왕이 러시아의 야욕을 파악하고 격분하게 된 데 중대한 원인이 있었다.

러시아의 군사교관 소환과 한러은행 폐쇄도 마찬가지로 독립협회의 활동 때문이었다고들 하지만, 이 역시 우리가 극복하지 못한 '연구의 쇄국화'가 빚은 또 다른 문제점의 일면이다.

⒀ 우리의 두 교과서는 대한제국과 '광무개혁' 평가를 둘러싸고도 서로 견해를 달리하고 있다. 금성 측은 열강의 영향력에서 벗어나지는 못했지만 개혁의 성과를 거두었다고 했고, 대안 측은 대응을 모색해보았지만 그러지 못했다고 하고 있다.

그렇다면 당시의 시대 배경에서 우리가 과연 자주와 개혁을 이룰 수 있었을까 하는 문제부터 분석해볼 필요가 있다. 그런데 우리의 교과서에는 이 정황에 대한 설명이 없다.

당시는 서로 적대하고 있던 러시아 재정고문과 영국 재정고문이 한국 땅에서 공존하며 여기에 일본이 영국 측에 붙어 한국에 온갖 압박을 가하던 시기였다. 이 정황을 가리켜 앨런은 "러시아인은 한국을 집어삼킬 기세였다"고도 했고, "한국 문제는 이제 끝장났다"고도 했다.

⒁ 일본 학자 야마베 겐타로(山邊健太郎)는 을사보호조약 이후, 그리고 모리야마 시게노리(森山茂德)는 "정미7조약 이후 일본의 한국 병합은 '기정사실', '시간 문제'였다"고 기술하고 있다. 그렇지만 일본이 한국을 병합하는 데 을사조약 이후 5년이나 걸린 것은 엄연한 사실이다.

정미7조약 이후 일본이 한국의 행정권까지 장악했지만, 아직 정식으로 병합을 강행하지는 못했다. 따라서 이들 두 일본인 학자의 견해에도 분명히 과장이 있다. 이와 달리 금성 교과서는 병합에 5년이나 걸린 원인이 오로지 우리의 의병 활동에 있었다고 말하고 있다. 이 역시 과장이다.

러일전쟁 이후 일본의 한국 병합에는 러시아와 미국의 대일 견제가 있었다. 일본은 이 두 장애물을 제거하는 데 5년이 걸렸던 것이다. 러시아는 일본의 한국 병합을 승인해주며 대가를 요구했고, 미국은 만주에 대한 통상상의 기회균등과 아울러 투자의 기회균등까지 요구했다('달러외교').

이에 만주에 기득권을 갖고 있던 러시아와 일본이 협약을 맺고 힘을 합쳐 미국의 침투 야욕을 물리쳤다. 즉, 영·불의 독일 포위망 구축에 일본과 러시아가 그 일익을 담당해주는 대가로, 러·일은 이 두 강대국의 지원을 받아 마침내 미국을 만주에서 몰아내는 데 성공했던 것이다.

(15) 금성 교과서는 헤이그 밀사 사건의 실패 원인이 냉혹한 국제 질서에 있었다고 했다. 그러나 그 국제 질서의 내용에 대해서는 최소한의 설명도 없다. 대안 교과서는 이를 설명하려고 시도하기는 했지만, "영·일 동맹의 일원인 일본이 3국 협상의 일원인 러시아에 접근, 미국을 배제했다"고만 쓰고 있다.

그러나 일본이 러시아에 접근한 시기(제1회 러일협약 성립기)는 이들 두 나라가 만주에서 미국의 압력을 몰아낸 시기와는 2년 반의 큰 시간의 차이가 있었다. 즉, 제1회 러일협약은 1907년 7월의 일이고, 미국을 구축한 것은 1909년 12월의 일이었다.

만주에서 미국이 무엇을 강압했기에 러·일과 이해가 상충되었는지에 대한 최소한의 설명도 없다. 그 기술에서도 필자들의 뜻이 제대로 전달된 것 같지 않다.

⑯ 금성 교과서는 안중근(安重根) 의사의 의거를 다루면서 겨우 2~3행 정도로 소략하게 기술한 것과 달리, 동학 봉기와 관련해서는 자그만치 10페이지에 이르는 분량을 할애하고 있다. "헤이그 밀사 사건과 안 의사의 의거로 말미암아 대한제국을 명목 상으로나마 존속시키려던 일본 온건파의 입지가 약화되었다"는 대안 교과서의 기술도 사실과 다르다.

일본 각의의 한국 병합 결정(1909년 7월 6일)은 이토의 하얼빈 행차(1909년 10월 26일) 4개월 전에 이미 확정된 사실이다. 그의 하얼빈 방문은 이 목적을 수행하기 위한 것이었다. 러시아 재상 코코프초프와 만나 만주 문제와 함께 한국 병합 문제를 최종 타결짓기 위한 여행이었다.

이토의 하얼빈 방문을 제2회 러일협약의 시작으로 보는 연유도 바로 여기에 있다. 외상 고무라가 병합 계획을 수상에게 제기한 일자는 이보다도 다시 3개월 전인 1909년 3월 30일이었다. 병합은 가쓰라와 이토의 동의를 얻어 이미 확정된 사실이었다. 이는 일본 외교문서가 입증하고 있다.

⑰ 일제가 한국 병합과 동시에 시행한 최초의 식민지 통치 방식은 '무단정치'였다. 그렇지만 이를 운영하기 위한 제도는 일부 근

대적인 것도 있었다. 그들의 식민 통치 자체가 근대적일 수는 물론 없다. 식민 본국인 일본의 정치 체제가 우선 유럽의 절대주의 체제와 비슷한 것이었기 때문이다.

식민지 통치를 맡은 총독이 모두 군인이었으며, 그 통치를 '헌병정치'라고 일컬었던 사실이 이를 반증해준다. 이는 재판 없이 한국인을 즉결 처분했던 이른바 '범죄즉결령'만으로도 그 '전근대성'을 읽을 수 있다.

토지조사사업도 총독부의 통계만을 근거로 근대적 조치였다고 말할 수는 없다. 동척(東拓)에 폭탄을 투척한 나석주 의사의 의거 한 가지만 보더라도 그 포악성을 읽을 수 있다. 총독부의 통계와 통치 제도의 운영 면에 근대적 요소가 일부 있었다고 해서 일제의 통치 자체가 근대적이었다고 말할 수는 없는 것이다.

⑱ 파리 강화회의가 영국과 프랑스에 의해 주도되었음은 이미 널리 알려진 사실이다. 파리 강화회의는 패전국에 일방적으로 '강요된 평화'였다. 당시의 미국과 일본은 아직 사태를 주도할 수 있는 위치에 이르지 못했다. 윌슨의 민족자결주의도 패전국의 식민지에만 통용되었을 뿐, 전승국의 식민지에는 통용되지 못했다.

따라서 승전국 일본의 식민지였던 우리에게는 그와 같은 기회가 물론 돌아오지 않았다. 3·1 운동 당시의 국제 환경은 우리의 기대만 부풀게 했을 뿐이다. 그러나 일본이 영·미·불과 노획물 분배를 둘러싸고 대립을 벌이게 되자 국면은 바뀌었다(워싱턴 군축회의,

1921~1922년).

이에 우리 독립운동가들은 장소를 파리에서 미국으로 옮겨 공화당의 하딩 정권을 상대로 청원 활동을 계속했다. 그렇지만 여기서도 상황은 별로 달라지지 않았다. 미국이 표시한 것은 일정 한도 내의 동정심이 전부였다. 선교사들의 인도적 입장의 동정심 같은 것이 바로 그것이었다.

미국의 관심은 오로지 중국 이권이 일본에 넘어가지 않도록 저지하는 것이었고, 일본 해군력이 태평양에서 우위를 점할 수 없도록 하는 데 목적이 있었을 뿐이다. 미국이 영·일 동맹 폐기에 전력을 다했던 원인도 바로 여기에 있었다. 이는 일본을 견제하자는 것이지, 한국의 독립을 지원하자는 것이 아니었다.

⒆ 일본이 경제 공황의 해결책을 만주 침공을 통해 찾으려 했음은 이미 모두 아는 바와 같다. 그들은 이른바 '만주국'이라는 괴뢰 정권을 세워 그 땅을 식민지로 만들었다. 따라서 이를 위해 그들은 우선 한국에 대한 지배력 강화가 필요했다. 대륙 진출을 위해서는 무엇보다도 전초 기지를 공고히 해야 했기 때문이다.

이런 정황이 우리에게는 국권 회복을 한층 더 어렵게 만들었다. 이에 대한 우리 민족의 저항이 바로 이봉창(李奉昌) 의사의 일본 천황에 대한 폭탄 투척(1932년 1월 8일)이었고, 상해 홍구공원에서 벌인 윤봉길(尹奉吉) 의사의 의거(1932년 4월 29일)였다.

한편 국제연맹에서 리튼 조사단의 만주 철퇴 권고안이 가결되자, 일본은 연맹 탈퇴를 선언하고 워싱턴 조약의 단독 폐기에 이어 런던 군축회의까지 이탈해버렸다. 이는 국제 여론에 대한 일본의 노골적인 도전이었다.

1936년 현재로 일본의 이러한 행태는 이미 되돌릴 수가 없게 되어 있었다. 일본의 과격파 청년 장교들의 두 번에 걸친 쿠데타로 군부가 내각 구성의 거부권을 행사하게 된 데도 원인이 있었다. 그러나 우리 교과서는 우리 민족의 대일 항쟁에 대한 기술만을 하고 있을 뿐, 당시의 세계 정황과 그에 따른 일본의 식민지 정책 변화에 대한 기술을 외면하고 있는 것이다.

⑳ 일본이 1937년 7월 7일 대중국 전면 전쟁을 도발하자, 미국은 이를 워싱턴 체제에 대한 노골적인 도전으로 받아들였다. 미일통상조약 폐기(1939년 7월 26일)가 바로 이에 대한 미국의 첫 반응이었다. 미국의 이 같은 경제제재(經濟制裁)는 일본에게는 그야말로 견딜 수 없는 압박이었다.

군수품과 석유의 대일 수출 금지가 특히 그러했다. 여기에 프랑스·소련·홀란드 등이 가세하여 중국에 대한 군사 원조에 나섰다. 일본이 미국과 충돌을 무릅쓰고 동남아시아 침략을 감행한 것도 석유를 비롯한 군수 물자를 얻기 위해서였다.

이 상황에서 일본이 프랑스령 인도차이나로 진공하자, 미국은 즉각 자국 내 일본 자산 동결로 대응했다. 이어 미·영·중·화의 이른바 A·B·C·D 공동방위선을 구축, 일본을 압박했다. 여기서 일본과 미·영의 대결은 피할 수 없게 된 것이다.

　일제가 한국인을 일본신민으로 만들어 전쟁에 이용하려 한 것은 바로 이 무렵의 일이었다. '황국신민의 서사', '조선어 사용 금지', '창씨개명', 초등학교를 '국민학교'로 개칭하는 것 등은 모두 전쟁 수행을 위한 조치였다. 국제 환경의 변이(變移)가 일본의 조선 통치를 '신민화(臣民化) 정책'으로 바꾸게 했고, 이것이 다시 우리 민족에게 일찍이 없었던 고통이 되었던 것이다.

I. 국문 논저

강동진, 《日帝의 韓國侵略政策史》(한길사, 1980).

교육인적자원부 일본역사교과서왜곡대책반, 《일본 중학교 역사 교과서 한국 관련 내용 수정 요구 사항 및 일본 정부 답변 자료》(2001).

권석봉, 《청말 대(對)조선연구》(일조각, 1986).

권태억, 〈일제의 한국병합과 식민통치〉, 한국사연구회 편, 《새로운 한국사 길잡이》, 下(지식산업사, 2008).

고병익, 〈露皇戴冠에의 使行과 韓露交涉〉, 《역사학보》, 제28집.

김종원, 〈朝中常民水陸通商章程〉, 《역사학보》, 제32집.

박성수, 《韓國近代史의 再認識》(東亞學硏社, 1982).

박찬승, 〈분단시대 남한의 한국사학〉, 조동걸·한영우·박찬승 공저, 《한국의 역사가와 역사학》, 하(창작과 비평사, 1994).

안병직, 〈한국근현대사의 체계와 방법〉, 《시대정신》(사단법인 시대정신, 2008년 가을호).

역사비평사, 《문답으로 읽는 일본교과서 역사왜곡》(2006).

역사학회 편,《한국 근·현대사 교과서의 '독립운동사' 서술과 쟁점》(경인문화
　　　사, 2006).

유영익,《갑오경장연구》(일조각, 1990).

이광린,《韓國史講座(近代篇)》(일조각, 1981).

이기백,《韓國史新論》(일조각, 1990, 新修版).

이보형,〈청일개전직전의 미국의 거중조정과 한국〉,《한미수교 100년사》(국
　　　제역사학회의 한국위원회, 1982).

일본역사교과서바로잡기운동본부,〈문답으로 읽는 일본교과서 역사왜곡〉
　　　(2006).

주진오,〈뉴라이트의 식민사관 부활 프로젝트〉,《역사비평》(역사비평사, 2008
　　　년 여름호).

최문형,〈갑신정변 전후의 정황과 개화파－외세와 연관된 정변의 재평가를 위
　　　하여〉,《사학연구》, 제38집(1984).

______,〈구미 열강의 극동정책과 일본의 한국병합－1898년을 전후한 러·일
　　　의 상호견제를 중심하여〉,《역사학보》, 제59집(1973).

______,《국제관계로 본 러일전쟁과 일본의 한국병합》(지식산업사, 2004).

______,〈국제관계를 통해 본 청일개전의 동인(動因)과 경위〉,《역사학보》,
　　　제99·100호 합집(1983).

______,〈국제관계를 통해 본 청일개전의 동인(動因)과 과 경위〉,《역사학
　　　보》, 제99·100호 합집(1983).

______,《러시아의 남하와 일본의 한국 침략》(지식산업사, 2007).

______,〈러시아의 남하정책과 한국－특히 부동항획득을 중심으로〉,《서양사
　　　론》, 제54호(1997).

______,〈러시아의 동아시아정책과 조선〉,《한국사학》, 13(정신문화연구원,
　　　1993).

______,〈러시아의 태평양 진출 기도와 영·일의 대응－특히 1860~1900년의
　　　부동항획득활동을 중심으로〉,《역사학보》, 제90집(1981).

______,〈러일대립과 민왕후 시해사건〉,《역사학보》, 제168집(2000).

______, 〈러일전쟁과 일본의 독도점취〉,《역사학보》, 제188집(2005).

______, 〈명성황후사건 – 서설〉,《명성황후시해사건》(민음사, 1992).

______,《명성황후 시해의 진실을 밝힌다》(지식산업사, 2006).

______, 〈미국의 대중(對中)정책에 대한 일 연구 – 문호개방선언의 성립과정
을 중심으로〉,《역사학보》, 제66집(1975).

______, 〈미국의 필리핀 점유과정〉,《김성근박사 환력기념 서양사학논총》
(1969).

______, 〈민비시해 이후의 열강과 한국〉,《명성황후시해사건》(민음사, 1992).

______, 〈수교 이후의 한미관계〉,《한미수교 100년사》(국제역사학회의 한국
위원회, 1982).

______, 〈열강의 대한정책과 한말의 정황 – 1884년~1904년의 미·영·러의 태
도를 중심으로〉,《청일전쟁을 전후한 한국과 열강》(한국정신문화연구
원, 1984).

______, 〈열강의 대한정책에 대한 일 연구 – 임오군란과 갑신정변을 중심으
로〉,《역사학보》, 제92집(1981).

______,《열강의 동아시아정책》(일조각, 1979).

______, 〈영국의 대한(對韓)정책 – 1882~1905〉,《군사(軍史)》(국방부전사편
찬위원회, 1982).

______, 〈영러대결의 추이 : 한국에 고취된 공러[恐露]의식과 관련하여〉,《서
양사론》, 29·30 합집(한국서양사학회, 1988).

______,《유럽이란 무엇인가》(지식산업사, 2009).

______, 〈청일전쟁 전후 영국의 동아시아 정책과 한국〉,《한영수교 100년사》
(한국사연구협의회편, 1984).

______, 〈한러수교의 배경과 경위〉,《한러관계 100년사》(한국사연구협의회,
1984).

______, 〈韓美友誼의 變化〉,《한미수교100년사》(국제역사회의 한국위원회,
1982).

______, 〈한영수교와 그 역사적 의의〉,《한영수교 100년사》(한국사연구협의

회, 1984).

______, 《한국을 둘러싼 제국주의 열강의 각축》(지식산업사, 2001).

______, 〈Theodore Roosevelt의 극동정책에 대한 일 고찰〉, 《사학논지》, 제1집 (1973).

한림대 아시아문제연구소 편, 《청일전쟁의 재조명》(1996).

韓相一, 《日韓近代史空間》(日本經濟評論社, 1984).

韓佑劤, 《韓國通史》(乙酉文化社, 1971).

II. 영문 자료

Foreign Office(London : Public Record Office) 405-VI, Hillier to O'Conor, Inclosure 3 in No. 86, Seoul, Oct. 10, 1895/Hillier to O'Conor, Inclosure 7 in No. 86, Seoul, Oct. 11, 1895, "Confidential"/Hillier to O'Conor, Inclosure 6 in No. 86, Seoul, Oct. 11., 1895, "Memorandum of Meeting of Foreign Representative at Japanese Legation", Seoul, Oct. 8, 1895 ; *Foreign Office* 405/65, Satow to Salisbury, No. 288, Tokyo. Oct. 18, 1895 ; *Foreign Office* 46/192, Parkes, No. 92, July, 1875 ; *Foreign Office* 46/262·269, Derby to Parkes, No. 76, 3. Aug., 1876 ; *Foreign Office* Correspondence, 46/288~298 ; *Foreign Office* 405/34.

National Archives, M-133, R-66, Allen to Olney, No. 156, Seoul, Oct. 10, 1895, Despatchs from United States Minster to Korea.

North China Herald(Nov. 21, 1895).

Treaties and Agreements with and concerning China, 1894~1919, MacMurray, J. V. A. ed., 2vols(New York, Oxford University Press, 1921).

United States Policy toward China, Diplomatic and Public Document, 1839~1939, Clyde, Paul H., selected and arranged(New York, Russel and Russel Inc., 1964).

III. 영문 논저

Adu, E. O., *British Diplomatic Attitudes toward Japanese Economic and Political Activities in Korea, South Manchuria, Kwangtung and Shantung, 1904~1922* (Unpublished Ph. D. dissertation, Univ. of London, 1976).

Ames, E., "A Century of Russian Railroad Construction, 1837~1936", *American Slavic and East European Review*, Vol. VI(1947).

Asakawa, K., *The Russo-Japanese Conflict : Its Causes and Issues*(London, Archibald Constable & Co., 1905).

Bailey, T. A., "The Root-Takahira Agreement of 1908", *The Pacific Historical Review*, Vol. IX, No. 1(Mar., 1940).

______, *Theodore Roosevelt and the Japanese-American Crisis*(Mass., Peter Smith, 1964).

Beale, H. K., *Theodore Roosevelt and the Rise of America to World Power*(New York, Collier Books, 1968).

Bemis, S. F., *A Short History of American Foreign Policy and Diplomacy*(New York, Henry Holt and Co. Inc., 1967).

Bee, M. C., "Origin of German Far Eastern Policy", *Chinese Social and Political Science Review*, Vol. XXI(April, 1937).

Benson, G. S., *Interest of Foreign Powers in Manchuria*(Unpublished Ph. D. dissertation, Univ. of Chicago, 1961).

Beresford, C., *The Break-Up of China*(Delaware, Scholarly Resources Inc., 1972).

Berryman, P. J., *British Naval Policy and the Sino-Japanese War 1894~1895*(Julian Corbett Prize Essay, 1968).

Bolkhovitinov, Nicholai N., "The Crimean War and the Emergence of Proposals for the Sale of Russian America, 1855~1861", *Pacific Historical Review*, Vol. LLX(Feb., 1990).

Braisted, W. R., "The United States and the American China Development

Company", *Far Eastern Quarterly*, Vol. XI, No. 2(Feb., 1952).

__________, *The United Navy in the Pacific, 1897~1909*(Austin, University of Texas Press, 1958).

Bridgham, P. L., *American Policy toward Korea, 1866~1910*(Unpublished Ph. D. dissertation, 1951).

Campbell, A. E., "Great Britain and the United States in the Far East, 1895~ 1903", *Historical Journal*, Vol. I, No. 2(1958).

Campbell, Jr., C. S., "American Business Interests and the Open Door in China", *The Far Eastern Quarterly*, Vol, I, No. 1(Nov., 1941).

______, *Special Business Interests and the Open Door Policy*(New Haven, Yale Univ. Press, 1951).

Cassey, J. W., *The Mission of Charles Denby and International Rivalries in the Far East, 1885~1898*(Unpublished Ph. D. dissertation, University of Southern California, 1959).

Chay, Jongsuk, *The United States and the Closing Door in Korea : American−Korean Relations 1894~1905*(Unpublished Ph. D. dissertation, University of Michigan, 1965).

Chia−Pin, Liang, "History of the Chinese Eastern Railway", *Journal of the Institute of Pacific Relations*(Feb., 1930).

Chu Djang, "War and Diplomacy over Ili", *The Chinese Social and Political Science Review*, Vol. XX, No. 3(Oct., 1936).

Clyde, P. H., *International Rivalries in Manchuria, 1689~1922*(Ohio : Ohio State University Press, 1926).

Clyde, P. H. & Bears, B. F., *The Far East*(New Jersey : Prentice−Hall, 1966).

Crist, David, *The Rise of Russia in Asia*(New Haven : Yale University Press, 1949).

Dallin, D. J., *The Rise of Russia in Asia*(New Haven, Yale University Press, 1949).

Dennett, T., *American in Eastern Asia*(New York, Macmillan Co., 1922).

______, "Early American Policy in Korea, 1883~1887", *Political Science Quarterly*,

Vol. 38(1923).

______, *Roosevelt and Russo-Japanese War*(New York, Doubleday, Page & Co., 1925).

______, "The Open Door Policy as Intervention", *Annals of the American Academy of Political and Social Science,* 168(July, 1933).

Dowart, J. M., "Walter Quintin Gresham and East Asia, 1894~1895 : A Reappraisal", *Asian Forum,* 5(1973).

Edwards, E. W., "The Far Eastern Agreements of 1907", *Journal of Modern History,* Vol. XXVI(1954).

Esthus, R. A., *Theodore Roosevelt and Japan*(Seattle : University of Washington Press, 1960).

Eyre Jr., J. K., "Russia and American Acquisition of the Philippines", *The Mississippi Valley Historical Review,* Vol. XXVIII(Mar., 1942).

Gillard, D., *The Struggle for Asia, 1828~1914 : A Study in British and Russian Imperialism*(London, 1977).

Graves, L., "An American in Asia : Willard Straight at the Legation in Korea", *Asia,* Vol. 20(Oct., 1920).

Griswold, A. W., *The Far Eastern Policy of the United States*(New Haven, Yale University Press, 1966).

Harrington, F. H., *God, Mammon and the Japanese*(Wisconsin, University of Wisconsin Press, 1944).

Hsu, Immanuel C. Y., *The Ili Crisis —A Study of Sino—Russian Diplomacy*(Oxford Univ., Press, 1965).

Jelavich, B., *A Century of Russian Foreign Policy 1814~1914*(Philadelphia and New York, J. B. Lippincott Co., 1964).

Jones, F. C., *Foreign Diplomacy in Korea, 1866~1894*(Unpublished Ph. D. dissertation, University of Harvard, 1935).

Kiernan, E. V. G., *British Diplomacy in China, 1880~1885*(Cambridge, 1939).

Kim, C. I. E., & Kim H. K., *Korea and the Politics of Imperialism, 1876~1910* (Berkeley and Los Angeles, University of California Press, 1968).

Langer, *The Diplomacy of Imperialism, 1890~1902*(2nd ed., New York, Alfred A. Knopf, 1972).

Laue, T. H. Von, *Sergei Witte and the Industrialization of Russia*(New York : Atheneum, 1974).

Lee Yur-bok, "American Policy toward Korea during the Sino-Japanese War 1894~1895", *Journal of Social Science and Humanities*, No. 43(June, 1976).

______, *Diplomatic Relations Between the United States and Korea, 1866~1887*(New York : Humanity Press, 1970).

Lensen, G. A., *The Russian Push toward Japan, Russo-Japanese Relations, 1697~1875*(Princeton, 1959).

______, *Balance of Intrigue —International Rivalries in Korea & Manchuria 1884~1899*, 2 vols(Florida State University Book, 1982).

______, sel. & ed., *Korea and Manchuria between Russia and Japan, 1895~1904 : The Observations of Sir Ernest Satow : British Minister plenipotentiary to Japan (1895~1900) and China(1900~1906)*(Florida Diplomatic Press, 1966).

Lin, "Li Hung-Chang : His Korea Policies, 1870~1885", *The Chinese Social and Political Science Review*, Vol. XIX, No. 2(July, 1935).

Linang, C-P., "History of the Chinese Eastern Railway", *Pacific Affairs*(Feb., 1930).

MacDonald, D. R. H., *Russian Interest in Korea to 1895*(Unpublished Ph. D. dissertation, Harvard Univ., 1957).

Malozemoff, A., *Russian Far Eastern Policy, 1881~1904*(Berkeley, 1958).

May, E. R., "The Far Eastern Policy of the United States in the Period of the Russo-Japanese War : A Russian View", *Mississipi Valley Historical Review*, Vol. XXII(Sept., 1945).

May, E. R. & Tompson Jr., J. C., ed., *American-East Asian Relations : A Survey* (Cambridge, Harvard University Press, 1972).

McCordock, R. S., *British Far Eastern Policy 1894~1900*(New York, Columbia University Press, 1931).

McCune, G. C., "Russian Policy in Korea, 1895~1898", *Far Eastern Survey*(Sept., 1945).

Minge, C. B., "Origins of German Far Eastern Policy", *The Chinese Social and Political Science Review,* Vol. XXI(Apr, 1939).

Minger, R. E., "Taft's Missions to Japan : A Study in Personal Democracy", *Pacific Historical Review,* Vol. XXX(1961).

Morse, H. B. & MacNaire, H. F., *Far Eastern International Relations*(Boston, Houghton and Mifflin Co., 1940).

Nahm, Andrew C., *Korea under Japanese Rule —Studies of Policy and Techniquues of Japnese Colonialism*(Western Michigan University, 1973).

Neilson, Keith, "Britain, Russia and the Sino—Japanese War" *The Sino—Japanese War of 1894~5 in its International Dimension*(Suntory—Toyota International Centre Discussion Paper, 1994).

Neu, C. E., "Theodore Roosevelt and American Involvement in the Far East, 1901~1909", *Pacific Historical Review*, Vol. XXXV, No. 4(Nov., 1966).

Nish I., *The Anglo—Japanese Alliance —The Diplomacy of Two Island Empires 1894~1907*(Oxford, 1966).

————, *The Origins of the Russo—Japanese War*(New York, 1985).

————, "Japanese Diplomats and the Sino—Japanese War" The Sino—Japanese War 1894~5 in its international dimension(London School of Economics and Political Science, Sept., 1994).

Noble, Harold, "The United States and Sino—Korean Relations", *The Pacific Historical Review*, Vol. 2, No. 3(Sept., 1933).

Pan, S. C—Y., *American Diplomacy concerning Manchuria*(Washington, 1938).

Petrov, Victor P., *Manchuria as an objective of Russian Policy*(Unpub. Ph. D dissertation of American University, Washington D. C. 1954)

Pooley, A. M. ed., *The Secret Memoirs of Count Tadasu Hayashi*(London, 1915).

Remmey Jr., P. B., *British Diplomacy and Far East, 1892~1898*(Ph.D. dissertation, Harvard University, 1964).

Romanov, B. A., *Rossya y Manchzuriori, 1892~1906*(Leningrad : Enukidge Oriental Institute, 1928), tr. by S. W. Jones, *Russia in Manchuria, 1892~1906* (Ann Arbor, Michigan : Edwards for American Council of Learned Societies, 1952).

Scholes, Walter V. and Scholes, Marie V., *The Foreign Policies of the Taft Administration* (University of Missouri Press, 1970).

Spinks, C. N., "The Termination of the Anglo-Japanese Alliance", *Pacific Historical Review,* Vol. VI(1937).

______, "The Background of the Anglo-Japanese Alliance", *Pacific Historical Review,* Vol. VIII, No. 2(June, 1939).

______, "Origins of Japanese Interests in Manchuria", *Far Eastern Quarterly,* Vol. II(May, 1943).

Stephan, J. J., "The Crimean War in the Far East", *Modern Asian Studies,* Vol. III, No. 3(1969).

Tompkins, S. R., "Witte as Minister of Finance, 1892~1903", *Slavic Review,* Vol. XI, No. 33(Apr, 1933).

Treat, "The Good Offices of the United States during the Sino-Japanese War", *Political Science Quarterly,* Vol. 47(1932).

______, *Japan and United States 1853~1921*(California, Stanford University Press, 1938).

Tsiang, T. F., "Sino-Japanese Diplomatic Relations 1870~1894", *The Chinese Social and Political Science Review,* Vol. XVII, No. 1(Apr., 1933).

Vinacke, Harold M., *A History of the Far East in Modern Times*(Croft & Co., 1941).

Warner, Denis and Peggy, *The Tide at Sunrise −History of Russo-Japanese War 1904~ 1905,* 妹尾作太男·三谷庸雄 譯,《日露戰爭全史》(時事通信社, 1979).

Williams, B. J., "The Strategic Background to the Anglo-Russian Entente of August 1907", *The Historical Journal*, Vol. IX, No. 3(1966).

Zabriskie, E. H., *American-Russian Rivalry in Far East, 1895~1914*(Philadelphia, University of Pennsylvania Press, 1946).

IV. 일문 자료

《公文錄》, 內務省之部一, 明治 10年, 3月 17日條, 二A10 公2032-Micro-Reel-256-1350(國立公文書館所藏).

《公文錄》, 內務省之部一, 明治 10年, 3月 20日條, 二A10 公2032-Micro-Reel-256-1346(國立公文書館 所藏).

軍令部編纂,《明治三十七·八年海戰史》(東京：內閣印刷局 朝陽會).

宮內廳,《明治天皇記》, 8(東京：吉川弘文館, 1973).

農商務省,《食糧調查資料》, 第1號(1922), 米穀統計.

大山梓 編,《山縣有朋意見書》(原書房, 1976).

德富猪一郞 編,《公爵桂太郞傳》, 乾·坤 卷(東京：原書房, 1967).

滿鐵東亞經濟調查局,〈滿鐵を中心とする外交〉,《經濟資料》, 第12卷, 第6號(大正 15年 6月).

《新しい歷史敎科書》(扶桑社, 2006).

伊藤正德編,《加藤高明》, 上卷(東京：原書房, 1929).

《日本外交史辭典》(日本外交史料館 日本外交史辭典編纂委員會, 1979).

日本外務省,《小村外交史》, 上卷(東京：原書房, 1966).

日本外務省,《日本外交年表並主要文書》, 上·下(1955).

《日本外交文書研究-明治時代-》《國際政治》(1957秋季)(資料紹介：山縣有朋意見書).

日本外務省政務局,《日露交涉史》, 上卷(1944).

《日本人の歷史敎科書》(自由社, 2009).

歷史學研究會 編,《日本史史料》, [4] 近代(岩波書店, 1997).

井上馨候傳記編纂會 編,《世外井上公傳》, 4(東京：原書房, 1968 復刻).

朝鮮駐箚軍司令部 編纂,《朝鮮暴徒討伐誌》.

朝鮮總督府極秘資料,〈朝鮮の保護及び併合－明治時代に於ける對韓政策の眞相〉
    (1917/中央日韓協會·友邦協會, 1956年 改編復刊).

行政諸官廳往復雜書類(竹島魚獵合資會社, 明治 38).

黑龍會 編,《日韓合邦秘史》, 上卷(黑龍會出版部, 1930).

日本外交文書, 28-1；31-1；40-1, No. 134；42-1, No. 315；43-1, No. 60；
    43-1, No. 62.

V. 일문 논저

角田 順,《滿洲問題と國防方針》(原書房, 1967).

江口朴郎,《帝國主義時代の研究》(東京：岩波書店, 1976).

姜德相,〈憲兵政治下の朝鮮〉,《歷史學研究》, 第321號.

岡義武,〈明治中期に於ける日露關係：K. Krupinski, Russland und Japan, ihre
    Beziehungen bis zum Frieden von Portsmouth 1904について(I·II)〉,《國
    家學會雜誌》, 第55卷, 5·6號(1940).

高橋秀直,《日清戰爭開戰過程の研究》(新戶商科大學經濟研究所, 1992).

高木八尺 編,《日本關係の研究》, 上(東京：東京大學出版會, 1971).

《高木八尺 著作集》第3卷(東京：東京大學出版會, 1971).

高田利吉,〈幕末露艦の對馬占據〉,《歷史地理》, 第43卷, 第1號(日本歷史地理學
    會, 1926).

谷 壽夫,《機密 日露戰史》(原書房, 1976).

管原崇光,〈日清戰爭直前に於けるロシア極東政策の基調－朝鮮問題を中心としで〉,
    《西洋史研究》, 第9號(1966).

廣瀨靖子,〈日清戰爭前イギリス極東政策の一考察〉,《日本外交の國際認識－その

史的展開》(日本國際政治學會, 1974).

橋谷弘, 〈193·40年代朝鮮社會の性格をめぐって〉, 《朝鮮史研究會論文集》, No. 27 (朝鮮史研究會, 1990).

臼井隆一郎, 《榎本武揚から世界史が見える》(PHP研究所, 2005).

君塚直隆, 〈イギリス政府と日淸戰爭－ローズベリ內閣の對外政策決定過程〉, 《西洋史學》(1995).

堀和生, 〈1905年日本の竹島編入〉, 《朝鮮史研究會論文集》, 제24집(1987).

吉田金一, 《近代露淸關係史研究》(東京：近藤出版社, 1974).

吉田和起, 〈日英同盟と日本の朝鮮侵略〉, 《日本史研究》, 第84號.

內藤正中, 《竹島は日本固有の領土か》(世界, 2005).

大谷正, 〈'ニュヨクヘラルド' 新聞と閔妃殺害事件報道〉, 《專修史學》, 第22號(專修史學會, 1990).

大山梓, 〈日露戰爭と營口占領〉, 《日露·日ソ 關係の展開》(東京：日本國際政治學會, 1966).

渡邊利夫, 《新脫亞論－東アジア危機の日に備え, 日本の近現代史を'再編輯'する》(東京：文藝春秋, 2008).

渡邊龍策, 《近代日中政治交涉史》(三喜堂印刷所, 1978).

渡部學, 《朝鮮近代史》(勁草書房, 1972).

藤原道生, 《日淸戰爭》(岩波書店, 1974).

梅溪昇, 〈日本側からみだ日淸戰爭－補論〉, 《歷史敎育》, 第10卷, 第2號(1962).

梶村秀樹, 〈朝鮮の社會狀況と民族解放鬪爭〉, 《岩波講座世界歷史》, 27(岩波書店, 1971).

______, 《朝鮮史の枠組と思想》(東京：研文社, 1982).

朴宗根, 《日淸戰爭と朝鮮》(靑木書店, 1982).

山邊健太郎, 《日韓併合小史》(岩波書店, 1966).

______, 《朝鮮·中國の民族運動と國際環境》(巖南堂書店, 1967).

森山茂德, 《近代日韓關係史》(東京大學出版會, 1987).

______, 《日韓併合の國際關係》(吉川弘文館, 1992).

細谷千博,〈日露·日ソ關係の史的展開〉,《日露·日ソ關係の展開》(東京：日本國
　　　際政治學會, 1966).

細川嘉六,《植民史》(東京：經濟新報史, 1941).

子安宣邦·崔文衡,《歷史の公有体としでの東アジア－日露戰爭と日韓の歷史認識》
　　　(藤原書店, 2007).

植田捷雄,《韓國併合をめぐる國際環境》(アジア·アフリカ 國際關係研究會, 1967).

＿＿＿＿,《滿洲における國際爭覇》(森山書店, 1934).

矢野仁一,《滿洲近代史》(東京：弘文堂, 1941).

信夫淸三郎,《日淸戰爭》(南窓社, 昭和 45).

＿＿＿＿,《日本外交史(1)》(每日新聞社, 昭和 49).

＿＿＿＿,〈日淸戰爭におけるイギリスの外交政策－日英同盟史として〉,《明治政治史
　　　研究》, 第1輯(昭和 10年 12月).

アバリン·ヴェ,《列强對滿工作史》(東京：原書房, 1972).

阿部光藏,〈滿洲問題をめぐる日露交涉〉,《日露·日ソ關係の展開》(東京：日本國
　　　際政治學會, 1966).

安岡昭南,〈1880年代の朝鮮をめぐる日露關係〉, 日本國際政治學會 編,《日露·日
　　　蘇關係の展開》(1965).

陸奧宗光,《蹇蹇錄》(岩波書店, 1983).

子安宣邦,《昭和とは何であったのか》(藤原書店, 2008).

子安宣邦·崔文衡, 《歷史の共有体としでの東アジア－日露戰爭と日韓の歷史認識》
　　　(東京：藤原書店, 2007).

田保橋潔,〈極東に於けるロシア海軍の發展〉,《歷史地理》, 第63卷, 第5號(1934).

井上淸,《日本帝國主義の形成》(東京：岩波書店, 1974).

ジューコフ,《極東政治史 1840~1949》, 上卷(平凡社, 昭和 32).

佐々木楊,〈ロシア極東政策と日淸開戰〉,《佐賀大學硏究論文集》, 第30輯, 第1號,
　　　1982).

酒田正民,〈日淸戰後外交政策の拘束要因〉,《近代日本研究》2(山川出版社,
　　　1980).

中山治一,〈日淸戰爭と帝政トイツの極東政策〉,《名古屋大學文學硏究論集》, II
　　（1952）.

中村尙美,〈19世紀末の極東情勢と日淸戰爭〉,《歷史評論》, Vol. IV, No. 2.

增田知子,〈日淸戰爭經營〉,《日本歷史大系4：近代1》（山川出版社, 1987）.

津田多賀子,〈1880年代に おける 日本政府の 東アジア政策と列强〉,《史學雜誌》,
　　第91編, 第12號（1982）.

崔文衡,《閔妃は誰に殺されたのか－見えざる日露戰爭の序曲》（東京：彩流社,
　　2004）.

＿＿＿,〈閔妃暗殺とは何か－日韓關係再考〉,《環》, 第23號（東京：藤原書店,
　　2005 Autumn）.

＿＿＿,〈日露戰爭と日本の竹島（獨島）占取〉,《環》, 第23號（東京：藤原書店,
　　2005 Autumn）.

波多野善夫,〈日露戰爭後に於ける國際關係の動因〉,《日本外交史硏究－明治時
　　代》（東京：日本國際政治學會, 1957）.

栗原健,《對滿蒙政策史の一面》（東京：原書房, 1966）.

黑羽茂,《日米外交の系譜》（東京：南窓社, 1968）.